DR. OETKER

LANDREZEPTE

Plätzchen

DR. OETKER

LANDREZEPTE

Plätzchen

Dr. Oetker Verlag

Mmh, wie das duftet …

Wenn zur Weihnachtszeit wieder wohlbekannte Düfte verführerisch durch die Räume ziehen, ist die Vorfreude auf die gemütlichste Zeit des Jahres perfekt. Der Duft nach Zimt, Kardamom und Vanille weckt Kindheitserinnerungen: Nichts bringt uns mehr in vorweihnachtliche Stimmung als selbst gebackene Plätzchen. Und weil die leckersten Rezepte aus ländlichen Backstuben kommen, haben wir die besten für Sie ausgewählt.

Zimtsterne, Vanillekipferl und Elisenlebkuchen mit ihren traditionellen Weihnachtsaromen dürfen hier natürlich nicht fehlen. Daneben sorgen neue Kreationen mit Rosmarin, Garam Masala und Fleur de Sel für Abwechslung und wunderbare Geschmackserlebnisse. Mit ihrer feurigen Note liegen Chili-Bananen-Brownies auch auf dem Lande voll im Trend. Ganz in Weiß, mit exotischer Kokos-Ananas-Füllung, präsentieren sich diesmal die klassischen Dominosteine.

Wahre Schmuckstücke wie Baiserherzen oder bunte Brezeln ziehen auf jedem Plätzchenteller und am Christbaum alle Blicke auf sich. Oder dekorieren Sie Ihre Kaffeetafel im Advent doch mal mit einem weißen Märchenwald aus Knuspertannen.

Übrigens: Viele unserer Plätzchenträume sind nicht nur zur Weihnachtszeit die perfekte Nascherei! Zitronenherzen, Haferflocken-Rosinen-Kekse oder Kürbiskern-Möhren-Häufchen sind das ganze Jahr süße Begleiter zu einer Tasse Tee oder Kaffee. Gleich doppelt genießen können Sie bunt verzierte Schmetterlinge oder glutenfreie Hirsekekse, denn zwischen den Hälften locken verführerische Trüffel- und Fruchtfüllungen.

Alle Rezepte wurden getestet, sind einfach nachzubacken und garantieren himmlischen Genuss.

Doppeldecker

*Fruchtiges Mus oder schokoladige Creme
zwischen einem Doppelpack aus knusprigen Plätzchen:
lauter kleine, selbst gezauberte Schmuckstücke
zum Verschenken oder Vernaschen.*

Schneekugeln mit Cashewkernen

Schneeweiß gepudert

Etwa 40 Stück

Zum Vorbereiten:

100 g Cashewkerne

Für den Teig:

180 g weiche Butter * 50 g Puderzucker * 1 Prise Salz * 1 Eigelb (Größe M) * 220 g Weizenmehl

Für die Füllung:

60 g Aprikosenkonfitüre

60 g Puderzucker zum Bestäuben

Zubereitungszeit: 50 Minuten, ohne Abkühlzeit * Backzeit: etwa 10 Minuten je Backblech
Haltbarkeit: 2–3 Wochen in gut schließenden Dosen

1. Zum Vorbereiten die Cashewkerne grob hacken.

2. Den Backofen vorheizen. Ober-/Unterhitze: etwa 190 °C, Heißluft: etwa 170 °C.

3. Für den Teig Butter mit Puderzucker, Salz und Eigelb mit Handrührgerät mit Rührbesen zunächst kurz auf niedrigster, dann auf höchster Stufe in 4 Minuten schaumig schlagen. Das Mehl mit den Cashewkernen mischen und mit einem Teigschaber unterheben.

4. Den Teig in einen Spritzbeutel mit Lochtülle (Ø 1 ½ cm) füllen und in Tupfen (Ø etwa 2 cm) auf Backbleche (gefettet, mit Backpapier belegt) spritzen. Dabei genügend Abstand zwischen den Tupfen lassen.

5. Die Backbleche nacheinander (bei Heißluft zusammen) in den vorgeheizten Backofen schieben. Die Tupfen **etwa 10 Minuten je Backblech backen**.

6. Die Tupfen mit dem Backpapier von den Backblechen auf Kuchenroste ziehen und erkalten lassen.

7. Für die Füllung die Konfitüre glatt rühren und evtl. durch ein Sieb streichen. Die Hälfte der Tupfen auf der Rückseite mit jeweils etwas von der Konfitüre bestreichen. Die restlichen Tupfen mit der Rückseite daraufsetzen und leicht andrücken. Den Puderzucker zunächst über die Kugeln sieben, dann die Kugeln darin wälzen.

Pro Stück: E: 1 g, F: 5 g, Kh: 8 g, kJ: 349, kcal: 83, BE: 0,5

Blütenplätzchen mit Amaranth

Originell gewürzt

J

Etwa 40 Stück

Für den Knetteig:

300 g Weizenmehl * 1 gestr. TL Garam Masala (indische Gewürzmischung) * 80 g Puderzucker * 1 Prise Salz * 1 Eigelb (Größe M) * 200 g Butter

Für die Füllung:

150 g Nuss-Nougat * 7 EL Amaranth, gepufft (erhältlich im Reformhaus oder Bio-Laden)
evtl. 1 EL Puderzucker zum Bestäuben

Zubereitungszeit: 60 Minuten, ohne Kühlzeit * Backzeit: etwa 10 Minuten je Backblech
Haltbarkeit: etwa 3 Wochen in gut schließenden Dosen

1. Für den Teig Mehl mit Garam Masala in einer Rührschüssel mischen. Restliche Zutaten hinzufügen und mit Handrührgerät mit Knethaken zunächst kurz auf niedrigster, dann auf höchster Stufe gut durcharbeiten. Anschließend auf einer leicht bemehlten Arbeitsfläche kurz zu einem Teig verkneten. Den Teig in Frischhaltefolie gewickelt 1–2 Stunden in den Kühlschrank legen.

2. Den Backofen vorheizen. Ober-/Unterhitze: etwa 180 °C, Heißluft: etwa 160 °C.

3. Den Teig kurz durchkneten und portionsweise auf der leicht bemehlten Arbeitsfläche 3–4 mm dick ausrollen. Mit einer Ausstechform Blüten (Ø 4–6 cm) ausstechen. Die Teigreste wieder zusammenkneten, erneut ausrollen und weitere Blüten ausstechen – so oft, bis der Teig aufgebraucht ist.

4. Die Blüten auf Backbleche (mit Backpapier belegt) legen. Dabei etwas Abstand zwischen den Blüten lassen.

5. Die Backbleche nacheinander (bei Heißluft zusammen) in den vorgeheizten Backofen schieben. Die Blüten **etwa 10 Minuten je Backblech backen**.

6. Die Blüten mit dem Backpapier von den Backblechen auf Kuchenroste ziehen und erkalten lassen.

7. Für die Füllung Nuss-Nougat in Stücke schneiden. Die Nougat-Stücke in einem kleinen Topf im Wasserbad bei schwacher Hitze unter Rühren schmelzen. Amaranth hinzugeben und unterrühren.

8. Die Hälfte der Blütenplätzchen auf der Rückseite mit der Nougat-Amaranth-Masse bestreichen. Die restlichen Blütenplätzchen mit der Rückseite darauflegen und leicht andrücken. Die Füllung fest werden lassen. Die Blütenplätzchen nach Belieben mit Puderzucker bestäuben.

Tipp: Bei sehr filigranen Ausstechformen diese zwischendurch immer wieder in Mehl drücken, damit sich die ausgestochenen Blüten besser aus der Form lösen. Auch mit einem feinen Pinsel lassen sich die Blüten gut aus der Form drücken.

••

Pro Stück: E: 1 g, F: 5 g, Kh: 11 g, kJ: 404, kcal: 97, BE: 1,0

Weihnachtsglocken

Schoko-fruchtig gefüllt

Etwa 45 Stück

Für den Knetteig:

50 g Zitronat (Succade) * 250 g Weizenmehl * ½ TL Dr. Oetker Backin * 120 g Zucker * 1 Prise Salz * ½ Pck. Dr. Oetker Finesse Geriebene Zitronenschale * 1 Ei (Größe M) * 150 g Butter oder Margarine

Für die Füllung:

150 g weiße Schokolade * 50 g Butter * 50 g Zitronat (Succade) * ½ Pck. Dr. Oetker Finesse Geriebene Zitronenschale

Zum Garnieren:

70 g Puderzucker * 1–2 EL Zitronensaft * evtl. rote und blaue Speisefarbe * etwa 45 silberne Zuckerperlen

Zubereitungszeit: 60 Minuten, ohne Kühlzeit * Backzeit: 10–12 Minuten je Backblech
Haltbarkeit: etwa 2 Wochen in gut schließenden Dosen

1. Für den Teig Zitronat sehr fein hacken. Mehl mit Backpulver in einer Rührschüssel mischen. Restliche Zutaten mit dem Zitronat hinzufügen und mit Handrührgerät mit Knethaken zunächst kurz auf niedrigster, dann auf höchster Stufe gut durcharbeiten. Anschließend auf einer leicht bemehlten Arbeitsfläche kurz zu einem Teig verkneten. Sollte er kleben, ihn in Frischhaltefolie gewickelt eine Zeit lang in den Kühlschrank legen.

2. Den Backofen vorheizen. Ober-/Unterhitze: etwa 180 °C, Heißluft: etwa 160 °C.

3. Den Teig portionsweise auf der leicht bemehlten Arbeitsfläche etwa 2 mm dick ausrollen. Mit einer Ausstechform Glocken (etwa 7 cm groß) ausstechen. Die Teigreste wieder zusammenkneten, erneut ausrollen und weitere Glocken ausstechen – so oft, bis der Teig aufgebraucht ist. Die Glocken auf Backbleche (mit Backpapier belegt) legen.

4. Die Backbleche nacheinander (bei Heißluft zusammen) in den vorgeheizten Backofen schieben. Die Glocken **10–12 Minuten je Backblech backen**.

5. Die Glocken mit dem Backpapier von den Backblechen auf Kuchenroste ziehen und erkalten lassen.

6. Für die Füllung die Schokolade in Stücke brechen, mit der Butter in einem kleinen Topf im Wasserbad bei schwacher Hitze unter Rühren schmelzen. Die Schoko-Butter-Masse etwas abkühlen lassen.

7. Das Zitronat sehr fein hacken und mit der Zitronenschale unter die Schoko-Butter-Masse rühren. Die Hälfte der Glocken auf der Unterseite damit bestreichen. Die restlichen Glocken darauflegen und leicht andrücken. Die Schoko-Butter-Masse fest werden lassen.

8. Zum Garnieren Puderzucker mit Zitronensaft zu einer dickflüssigen Masse verrühren. Den Guss nach Belieben mit roter und blauer Speisefarbe lila einfärben und in einen Gefrierbeutel füllen. Den Beutel verschließen und eine kleine Ecke abschneiden. Auf jede Glocke einen Zuckerrand spritzen und mit einer Zuckerperle belegen. Guss fest werden lassen.

Pro Stück: E: 1 g, F: 5 g, Kh: 12 g, kJ: 411, kcal: 98, BE: 1,0

Hirsekekse mit Aprikosenfüllung

Fruchtig & glutenfrei

Etwa 40 Stück

Für den Teig:

100 g weiche Butter * 50 g brauner Zucker * 1 Prise Salz * 1 Ei (Größe M) *
100 g Teffmehl aus Zwerghirse (erhältlich im Reformhaus oder Bio-Laden) * 50 g gem. Mandeln

Für die Aprikosenfüllung:

120 g getrocknete Soft-Aprikosen * 40 g Marzipan-Rohmasse * 2 EL Wasser * 30 g Aprikosenkonfitüre

Zubereitungszeit: 50 Minuten, ohne Abkühl- und Trockenzeit * Backzeit: etwa 10 Minuten je Backblech
Haltbarkeit: etwa 3 Wochen in gut schließenden Dosen

1. Den Backofen vorheizen. Ober-/Unterhitze: etwa 180 °C, Heißluft: etwa 160 °C.

2. Für den Teig Butter mit Zucker und Salz mit Handrührgerät mit Rührbesen auf mittlerer Stufe schaumig schlagen. Das Ei hinzufügen und kurz unterrühren.

3. Das Teffmehl mit den Mandeln mischen, auf die Butter-Ei-Masse geben und mit einem Kochlöffel unterheben.

4. Den Hirseteig in einen Spritzbeutel mit Lochtülle (Ø etwa 1 ½ cm) füllen und in flachen Tupfen (Ø etwa 3 cm) auf Backbleche (gefettet, mit Backpapier belegt) spritzen. Dabei genügend Abstand zwischen den Tupfen lassen.

5. Die Backbleche nacheinander (bei Heißluft zusammen) in den vorgeheizten Backofen schieben. Die Hirsekekse **etwa 10 Minuten je Backblech backen**.

6. Die Hirsekekse mit dem Backpapier von den Backblechen auf Kuchenroste ziehen und erkalten lassen.

7. Für die Füllung die Aprikosen in grobe Stücke hacken. Aprikosenstücke mit Marzipan, Wasser und Aprikosenkonfitüre in einen Blitzhacker geben und fein pürieren.

8. Die Hälfte der Hirsekekse auf der Unterseite jeweils schön dick mit etwas von der Aprikosenfüllung bestreichen. Die restlichen Hirsekekse mit der Unterseite daraufsetzen und leicht andrücken. Die Aprikosenfüllung einige Stunden trocknen lassen.

Tipps: Zur Aufbewahrung trennen Sie die einzelnen Koksschichten mit jeweils einer Lage Backpapier. Für die Aprikosenfüllung können Sie das Wasser durch die gleiche Menge Rum ersetzen.

Pro Stück: E: 1 g, F: 3 g, Kh: 5 g, kJ: 229, kcal: 55, BE: 0,5

Tipps: Für den Guss den Orangensaft durch Orangenlikör ersetzen. Die Wiener Herzen zusätzlich mit einem Puderzuckerguss verzieren. Dafür 50 g Puderzucker mit 1 Teelöffel Rum oder Zitronensaft zu einem dicken Guss verrühren. Die Gebäckherzen damit besprenkeln oder bespritzen.

Wiener Herzen

Stück für Stück ein Genuss

Etwa 80 Stück
Für den Knetteig:
300 g Weizenmehl * 100 g Puderzucker * 2 Pck. Dr. Oetker Vanillin-Zucker * 2 Eigelb (Größe M) * etwas Salz * abgeriebene Schale von 1 Bio-Zitrone (unbehandelt, ungewachst) * 200 g kalte Butter
Zum Bestreichen:
3 EL Aprikosenkonfitüre
Für den Guss:
2 EL Aprikosenkonfitüre * 1 EL Orangensaft

Zubereitungszeit: 40 Minuten, ohne Kühlzeit * Backzeit: 8–10 Minuten je Backblech
Haltbarkeit: 2–3 Wochen in gut schließenden Dosen

1. Für den Teig Mehl in eine Rührschüssel geben. Restliche Zutaten hinzufügen und mit Handrührgerät mit Knethaken zunächst kurz auf niedrigster, dann auf höchster Stufe gut durcharbeiten. Anschließend auf einer leicht bemehlten Arbeitsfläche kurz zu einem Teig verkneten. Sollte er kleben, ihn in Frischhaltefolie gewickelt eine Zeit lang in den Kühlschrank legen.

2. Den Backofen vorheizen. Ober-/Unterhitze: 180–200 °C, Heißluft: 160–180 °C.

3. Den Teig portionsweise auf der leicht bemehlten Arbeitsfläche möglichst dünn ausrollen und mit einer Ausstechform Herzen (Ø etwa 5 cm) ausstechen. Die Teigreste wieder zusammenkneten, erneut ausrollen und weitere Herzen ausstechen – so oft, bis der Teig aufgebraucht ist.

4. Die Herzen auf Backbleche (mit Backpapier belegt) legen. Die Backbleche nacheinander (bei Heißluft 2 Backbleche zusammen) in den vorgeheizten Backofen schieben. Die Gebäckherzen **8–10 Minuten je Backblech backen**.

5. Die Gebäckherzen mit dem Backpapier von den Backblechen auf Kuchenroste ziehen und erkalten lassen.

6. Zum Bestreichen die Konfitüre glatt rühren und evtl. durch ein Sieb streichen. Die Hälfte der Gebäckherzen auf der Unterseite mit der Konfitüre bestreichen. Jeweils ein weiteres Gebäckherz mit der Unterseite darauflegen und leicht andrücken.

7. Für den Guss die Konfitüre durch ein Sieb streichen, mit dem Orangensaft in einem kleinen Topf verrühren und kurz aufkochen lassen. Die Gebäckherzen damit bestreichen. Den Guss fest werden lassen.

Pro Stück: E: 1 g, F: 2 g, Kh: 6 g, kJ: 189, kcal: 45, BE: 0,5

Tipp: Die ausgestochenen Plätzchenoberteile bräunen etwas schneller als die nicht ausgestochenen Plätzchen. Deshalb die ausgestochenen Plätzchenoberteile getrennt von den anderen Plätzchen auf einem Backblech backen, gut beobachten und evtl. etwas früher aus dem Backofen nehmen.

Schmuckstücke

... auf dem Plätzchenteller

Etwa 35 Stück

Für den Knetteig:

250 g Weizenmehl * ½ gestr. TL Dr. Oetker Backin * 75 g Zucker * 1 Ei (Größe M) * 125 g weiche Butter

Zum Bestreichen und Bestreuen:

1 Eigelb * 1 EL Wasser * 30 g gehobelte Mandeln (Tropfen) * 1–2 EL Puderzucker (Herzen)

Für die Füllung und zum Garnieren:

100 g rotes Johannisbeergelee (Herzen, Tropfen, Rauten) * 50 g Holunderblütengelee (Rauten)

Zubereitungszeit: 60 Minuten, ohne Kühlzeit * Backzeit: 8–10 Minuten je Backblech
Haltbarkeit: etwa 3 Wochen in gut schließenden Dosen

1. Für den Teig Mehl mit Backpulver mischen. Restliche Zutaten hinzufügen, mit Handrührgerät mit Knethaken zunächst auf niedrigster, dann auf höchster Stufe gut durcharbeiten. Anschließend auf einer leicht bemehlten Arbeitsfläche kurz zu einem Teig verkneten. In Frischhaltefolie gewickelt eine Zeit lang in den Kühlschrank legen.

2. Den Backofen vorheizen. Ober-/Unterhitze: etwa 180 °C, Heißluft: etwa 160 °C.

3. Den Teig auf der leicht bemehlten Arbeitsfläche etwa 3 mm dünn ausrollen. Herzen, Rauten und Tropfen ausstechen. Dabei aus der Hälfte der Herzen und Rauten ein kleineres Herz bzw. eine kleinere Raute ausstechen. Plätzchen und Oberteile auf Backbleche (gefettet, mit Backpapier belegt) legen.

4. Aus den Teigresten weitere Motive ausstechen – so oft, bis der Teig aufgebraucht ist. Es sollen etwa 30 Herzen, 20 Rauten und 20 Tropfen entstehen.

5. Zum Bestreichen und Bestreuen Eigelb mit Wasser verrühren. Alle Plätzchenoberteile sowie die Hälfte der Tropfen damit bestreichen. Die bestrichenen Tropfen mit Mandeln bestreuen.

6. Die Backbleche nacheinander (bei Heißluft zusammen) in den vorgeheizten Backofen schieben. Die Plätzchen **8–10 Minuten je Backblech backen**.

7. Die Plätzchen mit dem Backpapier von den Backblechen auf Kuchenroste ziehen und erkalten lassen. Anschließend die Oberteile der Herzen mit Puderzucker bestäuben.

8. Für die Füllung und zum Garnieren das Johannisbeergelee gut aufkochen lassen. Auf die Unterseiten der Tropfen ohne Mandeln sowie auf die Unterseiten der Herzen je einen Klecks heißes Gelee geben und sofort mit den Oberteilen belegen. Restliches Gelee nochmals kurz erwärmen, in einen Gefrierbeutel geben, eine kleine Ecke abschneiden und als Punkte auf die Oberteile der Rauten spritzen.

9. Das Holunderblütengelee ebenfalls kurz aufkochen lassen und jeweils auf die Unterseiten der unteren Rauten streichen. Die Rauten mit den Oberteilen belegen.

Pro Stück: E: 1 g, F: 4 g, Kh: 11 g, kJ: 348, kcal: 83, BE: 1,0

Ischler Törtchen

Mit einem Hauch Zimt

Etwa 45 Stück
Für den Knetteig:
200 g Weizenmehl * 50 g Puderzucker * 1 Pck. Dr. Oetker Vanillin-Zucker * 1 Ei (Größe M) * 1 Msp. gem. Zimt * abgeriebene Schale von ½ Bio-Zitrone (unbehandelt, ungewachst) * 150 g Butter oder Margarine * 100 g abgezogene, gem. Mandeln
Zum Bestäuben:
etwa 25 g Puderzucker
Zum Bestreichen:
etwa 100 g Himbeerkonfitüre

Zubereitungszeit: 40 Minuten, ohne Kühlzeit * Backzeit: etwa 10 Minuten je Backblech
Haltbarkeit: etwa 2 Wochen in gut schließenden Dosen

1. Für den Teig Mehl in eine Rührschüssel geben. Restliche Zutaten hinzufügen und mit Handrührgerät mit Knethaken zunächst kurz auf niedrigster, dann auf höchster Stufe gut durcharbeiten. Anschließend auf einer leicht bemehlten Arbeitsfläche kurz zu einem Teig verkneten. Den Teig in Frischhaltefolie gewickelt etwa 1 Stunde in den Kühlschrank legen.

2. Den Backofen vorheizen. Ober-/Unterhitze: etwa 180 °C, Heißluft: etwa 160 °C.

3. Den Teig auf der leicht bemehlten Arbeitsfläche knapp ½ cm dick ausrollen. Mit einer runden Ausstechform mit Wellenrand (Ø etwa 6 cm) Plätzchen ausstechen. Bei der Hälfte der Plätzchen mit einer Ausstechform oder mit einer mittleren Lochtülle (Ø etwa 1 ½ cm) die Mitte ausstechen, sodass Ringe entstehen.

4. Die Teigreste wieder zusammenkneten, erneut ausrollen und weitere Plätzchen und Plätzchen und -ringe ausstechen – so oft, bis der Teig aufgebraucht ist.

5. Die Teigplätzchen und -ringe auf Backbleche (mit Backpapier belegt) legen. Die Backbleche nacheinander (bei Heißluft zusammen) in den vorgeheizten Backofen schieben. Die Teigplätzchen und -ringe **etwa 10 Minuten je Backblech backen**.

6. Die Plätzchen und Ringe mit dem Backpapier von den Backblechen auf Kuchenroste ziehen. Die Plätzchenringe sofort mit Puderzucker bestäuben. Plätzchen und Plätzchenringe erkalten lassen.

7. Zum Bestreichen die Konfitüre durch ein Sieb streichen und in einem Topf gut aufkochen lassen. Die Plätzchen auf der Unterseite mit der Konfitüre bestreichen. Die Plätzchenringe darauflegen und leicht andrücken.

Tipp: Statt Himbeerkonfitüre Himbeergelee verwenden. Dieses muss nicht durch ein Sieb gestrichen, sondern nur glatt gerührt werden.

Pro Stück: E: 1 g, F: 4 g, Kh: 7 g, kJ: 291, kcal: 70, BE: 0,6

Tipps: 80 g Puderzucker mit 1 ½ Esslöffeln Zitronensaft glatt rühren. Den Guss in einen Gefrierbeutel füllen, eine sehr kleine Ecke abschneiden. Die Macarons mit Punkten, Streifen und Kringeln bespritzen. Den Spritzguss fest werden lassen.
Die Macarons gelingen nur bei Heißluft optimal.

Macarons

Kleine, bunte Glücksmomente auf Französisch

Etwa 45 Stück

Für die Mandel-Baiser-Masse (reicht jeweils für eine Sorte Macarons):

120 g abgezogene, gem. Mandeln * 2 Eiweiß (Größe M) * 1 Prise Salz * 160 g Puderzucker * einige Tropfen gelbe und rote Speisefarbe (Orangen-Macarons) * nur rote Speisefarbe (Kirsch-Macarons) * 1 gestr. TL gesiebtes Kakaopulver (Erdnuss-Macarons) * 1 ½ EL gesiebtes Kakaopulver (Nuss-Nougat-Macarons)

Für die Füllungen:

Orangen-Macarons:

Schale und Saft von ½ Bio-Orange (unbehandelt, ungewachst) * 50 g weiche Butter * 50 g Puderzucker

oder Kirsch-Macarons: 50 g Sauerkirschgelee * 50 g weiche Butter

oder Erdnuss-Macarons: 100 g Erbussbutter, creamy

oder Nuss-Nougat-Macarons: 100 g Nuss-Nougat-Creme

Zubereitungszeit: 60 Minuten, ohne Abkühlzeit * Trocken- bzw. Backzeit: 18–20 Minuten
Haltbarkeit: 1–2 Wochen in gut schließenden Dosen

1. Für die Mandel-Baiser-Masse die Mandeln evtl. in einem Blitzhacker noch feiner mahlen. Den Backofen vorheizen. Heißluft: etwa 70 °C.

2. Eiweiß mit Salz mit Handrührgerät mit Rührbesen auf höchster so Stufe steif schlagen, dass ein Messerschnitt sichtbar bleibt. Nach und nach Puderzucker unterschlagen. So lange schlagen, bis der Eischnee stark glänzt. Mandeln unterheben.

3. Je nachdem welche Macarons Sie zubereiten möchten, den Eischnee mit gelber und roter Speisefarbe, nur mit roter Speisefarbe oder mit der entsprechenden Menge Kakao färben. Dafür die jeweiligen Zutaten vorsichtig unterheben.

4. Den Eischnee in einen Spritzbeutel mit Lochtülle (Ø 1–1 ½ cm) füllen und als Tupfen (Ø etwa 3 cm) auf Backbleche (gefettet, mit Backpapier belegt, dünn mit Butter bestrichen) spritzen. Dabei genügend Abstand zwischen den Tupfen lassen.

Pro Stück:
E: 1 g, F: 2 g, Kh: 5 g, kJ: 184, kcal: 44, BE: 0,5 (Orangen-Macarons)
E: 1 g, F: 2 g, Kh: 4 g, kJ: 175, kcal: 42, BE: 0,5 (Kirsch-Macarons)
E: 1 g, F: 2 g, Kh: 4 g, kJ: 187, kcal: 45, BE: 0,5 (Erdnuss-Macarons)
E: 1 g, F: 2 g, Kh: 5 g, kJ: 183, kcal: 44, BE: 0,5 (Nuss-Nougat-Macarons)

5. Die Backbleche zusammen in den vorgeheizten Backofen schieben. Die Macarons **12 Minuten trocknen**. Anschließend die Backofentemperatur **auf etwa 140 °C erhöhen**. Die Macarons **weitere 8–10 Minuten backen**. Die Backbleche auf Kuchenroste stellen. Die Macarons auf den Backblechen erkalten lassen.

6. Für die Füllung eine der folgenden Füllungen zubereiten. Für Orangen-Macarons Orangenschale, -saft, Butter und Puderzucker mit Handrührgerät mit Rührbesen auf höchster Stufe 3–4 Minuten schaumig schlagen. Für Kirsch-Macarons Gelee und Butter auf die gleiche Weise schaumig schlagen. Die vorbereitete Füllung bzw. die Erdnussbutter oder die Nuss-Nougat-Creme in einen Gefrierbeutel geben und eine kleine Ecke abschneiden. Die Hälfte der Macarons auf der Unterseite mit etwas von der jeweiligen Füllung bespritzen. Restliche Macarons daraufsetzen.

Hippenröllchen

Zum Dahinschmelzen

Etwa 25 Stück

Für den Teig:

80 g Weizenmehl * 80 g gesiebter Puderzucker * 30 ml Milch (3,5 % Fett) * 1 Eiweiß (Größe M) * 2 EL Sesamsamen, geschält

Für die Füllung:

100 g gehackte Haselnusskerne * 250 g Nuss-Nougat * 2 EL Sesamsamen, geschält

Zubereitungszeit: 90 Minuten, ohne Ruhezeit * Backzeit: etwa 4 Minuten je Backblech
Haltbarkeit: etwa 3 Wochen in gut schließenden Dosen

1. Für den Teig Mehl mit Puderzucker in einer Rührschüssel mischen. Milch und Eiweiß hinzufügen und mit Handrührgerät mit Rührbesen zunächst kurz auf niedrigster, dann auf höchster Stufe zu einem glatten, dickflüssigen Teig verrühren. Den Teig zugedeckt etwa 20 Minuten ruhen lassen.

2. Den Backofen vorheizen. Ober-/Unterhitze: etwa 210 °C, Heißluft: etwa 190 °C.

3. Von dem Teig jeweils 1 Teelöffel auf ein Backblech (gefettet, mit Backpapier belegt) geben und mit der Rückseite des Teelöffels zu einem Kreis (Ø je 7–8 cm) gleichmäßig verstreichen. Insgesamt nur 3 Teigkreise auf das Backblech streichen. Jeden Teigkreis mit etwas Sesam bestreuen. Das Backblech in den vorgeheizten Backofen schieben. Die Teigkreise **etwa 4 Minuten backen**, bis der Rand goldbraun ist.

4. Das Backblech auf einen Kuchenrost stellen. Die heißen Teigkreise sofort vom Backpapier lösen, um jeweils einen dicken Stift (Ø etwa 1 cm) wickeln und mit der offenen Seite nach unten kurz auf ein Stück Backpapier legen.

5. Die knusprigen Hippen vorsichtig von den Stiften ziehen und erkalten lassen. Den Vorgang so oft wiederholen, bis der Teig aufgebraucht ist.

6. Für die Füllung die Haselnusskerne in einer Pfanne ohne Fett unter Wenden goldbraun rösten und auf einen Teller geben. Nuss-Nougat in Stücke schneiden und in einem kleinen Topf im Wasserbad bei schwacher Hitze unter Rühren schmelzen. Den Topf von der Kochstelle nehmen, die Haselnüsse unter die Nougatmasse rühren.

7. Die Nougatmasse erst kurz bevor sie fest wird in einen Spritzbeutel mit Lochtülle (Ø etwa 1 cm) geben. Die Hippenröllchen damit füllen. Die Hippenröllchen mit den offenen Enden in Sesam tauchen. Die Füllung fest werden lassen.

Tipp: Immer nur 3 Teigkreise auf einmal backen, da sie sich nur kurz nach dem Backen, ganz heiß, gut wickeln lassen.

Pro Stück: E: 2 g, F: 7 g, Kh: 12 g, kJ: 488, kcal: 117, BE: 1,0

Tipp: Bei sehr filigranen Ausstechformen diese zwischendurch immer wieder in Mehl drücken, damit sich die ausgestochenen Schmetterlinge besser aus der Form lösen. Auch mit einem feinen Pinsel lassen sich die Schmetterlinge gut aus der Form drücken.

Schmetterlinge

Zum Verschenken

Etwa 40 Stück

Für den Knetteig:

380 g Weizenmehl * 120 g Puderzucker * 1 Pck. Dr. Oetker Bourbon-Vanille-Zucker * 1 Prise Salz * 1 Eigelb (Größe M) * 250 g Butter oder Margarine

Für die Füllung:

125 g Trüffelpralinen (z. B. Edle Trüffel Bourbon-Vanille & Waldfrucht von Trumpf) * 50 g Vollmilch-Kuvertüre (etwa 30 % Kakaoanteil) * 50 ml Milch (3,5 % Fett)

Für den Guss und zum Bestreuen:

180 g weiße Kuvertüre * je 2 EL Zuckerherzen, -kristalle und -perlen

Zubereitungszeit: 60 Minuten, ohne Kühlzeit * Backzeit: 8–10 Minuten je Backblech
Haltbarkeit: etwa 2 Wochen in gut schließenden Dosen

1. Für den Teig Mehl in eine Rührschüssel geben. Restliche Zutaten hinzufügen und mit Handrührgerät mit Knethaken zunächst kurz auf niedrigster, dann auf höchster Stufe gut durcharbeiten. Anschließend auf einer leicht bemehlten Arbeitsfläche kurz zu einem Teig verkneten. Den Teig in Frischhaltefolie gewickelt 1–2 Stunden in den Kühlschrank legen.

2. Den Backofen vorheizen. Ober-/Unterhitze: etwa 180 °C, Heißluft: etwa 160 °C.

3. Den Teig portionsweise auf der leicht bemehlten Arbeitsfläche 3–4 mm dick ausrollen. Mit einer Ausstechform Schmetterlinge (Ø 7–9 cm) ausstechen. Aus den Teigresten weitere Schmetterlinge ausstechen – so oft, bis der Teig aufgebraucht ist.

4. Die Schmetterlinge auf Backbleche (mit Backpapier belegt) legen.

5. Die Backbleche nacheinander (bei Heißluft zusammen) in den vorgeheizten Backofen schieben. Die Schmetterlinge **8–10 Minuten je Backblech backen.**

6. Die Schmetterlinge mit dem Backpapier von den Backblechen auf Kuchenroste ziehen und erkalten lassen.

7. Für die Füllung die Trüffelpralinen halbieren und die Kuvertüre fein hacken. Milch in einen Topf geben und aufkochen. Den Topf von der Kochstelle nehmen. Pralinen- und Kuvertürestücke in die heiße Milch geben und unter Rühren in der Milch schmelzen. Die Trüffelmilch erkalten lassen.

8. Sobald die Trüffelmilch anfängt fest zu werden, die Hälfte der Schmetterlinge auf der Rückseite damit bestreichen. Die restlichen Schmetterlinge daraufsetzen und leicht andrücken.

9. Für den Guss die Kuvertüre fein hacken und in einem Topf im Wasserbad bei schwacher Hitze unter Rühren schmelzen. Die gefüllten Schmetterlinge auf der Oberseite mit der Kuvertüre bestreichen, mit Zuckerherzen, -kristallen und -perlen bestreuen. Guss fest werden lassen.

Pro Stück: E: 2 g, F: 9 g, Kh: 17 g, kJ: 643, kcal: 154, BE: 1,5

Pistazienherzen

Herzliches Mitbringsel

Etwa 40 Stück

Für den Knetteig:

60 g Pistazienkerne * 250 g Weizenmehl * 1 gestr. TL Dr. Oetker Backin * 75 g Zucker * 1 Pck. Dr. Oetker Vanillin-Zucker * 125 g Butter oder Margarine * 1 Ei (Größe M)

Für den Guss und für die Füllung:

200 g Puderzucker * etwa 3 EL Zitronensaft * etwa 4 EL Hagebuttenkonfitüre oder rotes Gelee

Zubereitungszeit: 40 Minuten, ohne Kühlzeit * Backzeit: etwa 10 Minuten je Backblech
Haltbarkeit: 2–3 Wochen in gut schließenden Dosen

1. Für den Teig zunächst die Pistazien fein mahlen. Dann Mehl mit Backpulver in einer Rührschüssel mischen. Die restlichen Zutaten sowie die gemahlenen Pistazienkerne hinzufügen und mit Handrührgerät mit Knethaken zunächst kurz auf niedrigster, dann auf höchster Stufe gut durcharbeiten.

2. Anschließend auf einer leicht bemehlten Arbeitsfläche kurz zu einem Teig verkneten. Den Teig in Frischhaltefolie gewickelt etwa 1 Stunde in den Kühlschrank legen.

3. Den Backofen vorheizen. Ober-/Unterhitze: etwa 180 °C, Heißluft: etwa 160 °C.

4. Den Teig portionsweise auf der leicht bemehlten Arbeitsfläche etwa ½ cm dick ausrollen. Mit einer Ausstechform Herzen (Ø etwa 5 cm) ausstechen und auf Backbleche (mit Backpapier belegt) legen. Die Teigreste wieder zusammenkneten, erneut ausrollen und weitere Herzen ausstechen – so oft, bis der Teig aufgebraucht ist.

5. Die Backbleche nacheinander (bei Heißluft zusammen) in den vorgeheizten Backofen schieben. Die Gebäckherzen **etwa 10 Minuten je Backblech backen**.

6. Herzen mit dem Backpapier von den Backblechen auf Kuchenroste ziehen und erkalten lassen.

7. Für den Guss und für die Füllung den Puderzucker mit dem Zitronensaft zu einem dickflüssigen Guss verrühren. Die Konfitüre oder das Gelee glatt rühren. Etwas davon in einen Gefrierbeutel füllen und eine kleine Ecke abschneiden. Nacheinander die Hälfte der Herzen auf der Oberseite mit dem Guss bestreichen. Sofort 2 längliche Streifen Konfitüre bzw. Gelee in die Mitte der Herzen spritzen und mit einem Holzstäbchen auseinander ziehen. Den Guss fest werden lassen.

8. Die restlichen Herzen auf der Unterseite mit Konfitüre bestreichen und mit den verzierten Herzen zusammensetzen.

Pro Stück: E: 1 g, F: 4 g, Kh: 14 g, kJ: 395, kcal: 94, BE: 1,0

Weihnachtsduft

Wenn es draußen schneit und friert, wird in der Weihnachtsbäckerei Teig geknetet, geformt und ausgestochen. Sind die Plätzchen dann im Ofen, verbreiten schon bald Zimt, Kardamom, Ingwer und Vanille ihren unvergleichlichen, weihnachtlichen Duft …

Maronenlebkuchen

Einfach unwiderstehlich

Etwa 40 Stück

Zum Vorbereiten:

200 g geschälte, gekochte Maronen (Esskastanien) * 120 g getrocknete Aprikosen

Für den Teig:

3 Eier (Größe M) * 1 Prise Salz * 100 g Zucker * 200 g gem. Haselnusskerne * 120 g Kastanienmehl (erhältlich im Reformhaus oder Bio-Laden) * 1 gestr. TL Natron * 2 gestr. TL gem. Zimt * ½ TL gem. Piment (Nelkenpfeffer) * etwa 40 Backoblaten (Ø etwa 5 cm)

Für den Guss:

400 g Vollmilch-Kuvertüre (etwa 30 % Kakaoanteil) * 1 EL Speiseöl, z. B. Sonnenblumenöl

Zubereitungszeit: 45 Minuten, ohne Trocken- und Abkühlzeit * Backzeit: etwa 10 Minuten je Backblech
Haltbarkeit: etwa 4 Wochen in gut schließenden Dosen

1. Zum Vorbereiten die Maronen und die Aprikosen in kleine Würfel schneiden.

2. Für den Teig Eier mit Salz und Zucker mit Handrührgerät mit Rührbesen auf höchster Stufe in etwa 5 Minuten schaumig schlagen. Maronen-, Aprikosenwürfel, Haselnüsse, Kastanienmehl, Natron, Zimt und Piment mischen und auf den Eierschaum geben. Die Zutaten mit Handrührgerät mit Knethaken gut verkneten.

3. Die Oblaten auf Backbleche (mit Backpapier belegt) legen. Je 1 Esslöffel des Lebkuchenteiges auf je 1 Oblate geben, mit einem feuchten Messer glatt streichen. Die Lebkuchen etwa 1 Stunde bei Zimmertemperatur trocknen lassen.

4. Den Backofen vorheizen. Ober-/Unterhitze: etwa 190 °C, Heißluft: etwa 170 °C.

5. Die Backbleche nacheinander (bei Heißluft zusammen) in den vorgeheizten Backofen schieben. Die Maronenlebkuchen **etwa 10 Minuten je Backblech backen**.

6. Die Maronenlebkuchen mit dem Backpapier von den Backblechen auf Kuchenroste ziehen und erkalten lassen.

7. Für den Guss die Kuvertüre klein hacken und mit dem Speiseöl in einem Topf im Wasserbad bei schwacher Hitze unter Rühren schmelzen. Die erkalteten Lebkuchen mit der Oberseite in die Kuvertüre tauchen. Die überschüssige Kuvertüre mit einem Pinsel abstreichen. Die Lebkuchen auf Backpapier setzen. Den Guss fest werden lassen.

Pro Stück: E: 2 g, F: 7 g, Kh: 12 g, kJ: 492, kcal: 118, BE: 1,0

Emmer-Pflaumen-Kekse

Vollwertig genießen

J

Etwa 60 Stück
Zum Vorbereiten:
100 g getrocknete Pflaumen * 100 ml Wasser
Für den Teig:
100 g Butter * 50 g brauner Zucker * 1 Prise Salz * 1 Eigelb (Größe M) *
200 g Emmermehl (erhältlich im Reformhaus oder Bio-Laden) * 1 TL gem. Zimt * ½ TL Dr. Oetker Backin
Zum Garnieren:
5 EL Milch (3,5 % Fett) * 3 EL gehackte Mandeln

Zubereitungszeit: 40 Minuten, ohne Kühlzeit * Backzeit: etwa 10 Minuten je Backblech
Haltbarkeit: etwa 3 Wochen in gut schließenden Dosen

1. Zum Vorbereiten die Pflaumen fein hacken und mit dem Wasser in einem Topf kurz aufkochen. Den Topf von der Kochstelle nehmen. Die Pflaumenmasse abkühlen lassen.

2. Für den Teig Butter, Zucker, Salz und Eigelb in eine Rührschüssel geben. Die Zutaten mit Handrührgerät mit Knethaken auf niedrigster Stufe in 3–4 Minuten zu einem Teig verkneten. Die Pflaumenmasse hinzufügen und kurz unterkneten.

3. Emmermehl mit Zimt und Backpulver mischen. Die Mehlmischung auf die Butter-Pflaumen-Masse geben und mit den Händen schnell zu einem Teig verkneten. Den Teig in Frischhaltefolie gewickelt etwa 1 Stunde in den Kühlschrank legen.

4. Den Backofen vorheizen. Ober-/Unterhitze: etwa 180 °C, Heißluft: etwa 160 °C.

5. Den Teig kurz durchkneten und in 2 Portionen teilen. Jede Teigportion zu einer etwa 30 cm langen Rolle formen und diese in etwa 1 cm dicke Scheiben schneiden.

6. Die Teigscheiben zu Kugeln formen, auf Backbleche (gefettet, mit Backpapier belegt) legen und etwas flach drücken.

7. Zum Garnieren mit einer Gabel ein Muster in die Kekse drücken. Die Kekse mit Milch bestreichen und mit Mandeln bestreuen. Die Backbleche nacheinander (bei Heißluft zusammen) in den vorgeheizten Backofen schieben. Die Kekse **etwa 10 Minuten je Backblech backen**.

8. Die Emmer-Pflaumen-Kekse mit dem Backpapier von den Backblechen auf Kuchenroste ziehen und erkalten lassen.

Pro Stück: E: 1 g, F: 2 g, Kh: 4 g, kJ: 153, kcal: 37, BE: 0,5

Vanillekipferl

Alle Jahre wieder ...

Etwa 60 Stück
Für den Knetteig:
200 g Weizenmehl * 1 Msp. Dr. Oetker Backin * 100 g Zucker * 1 Pck. Dr. Oetker Vanillin-Zucker * 2 Eigelb (Größe M) * 170 g Butter oder Margarine * 100 g abgezogene, gem. Mandeln
Zum Bestäuben:
50 g Puderzucker * 1 Pck. Dr. Oetker Vanillin-Zucker

Zubereitungszeit: etwa 70 Minuten, ohne Kühlzeit * Backzeit: etwa 10 Minuten je Backblech
Haltbarkeit: etwa 3 Wochen in gut schließenden Dosen

1. Für den Teig Mehl mit Backpulver in einer Rührschüssel mischen. Restliche Zutaten hinzufügen und mit Handrührgerät mit Knethaken zunächst kurz auf niedrigster, dann auf höchster Stufe gut durcharbeiten. Anschließend auf einer leicht bemehlten Arbeitsfläche kurz zu einem Teig verkneten. Den Teig in 2 Portionen teilen. Jede Teigportion in Frischhaltefolie gewickelt eine Zeit lang in den Kühlschrank legen.

2. Den Backofen vorheizen. Ober-/Unterhitze: etwa 180 °C, Heißluft: etwa 160 °C.

3. Eine Teigportion zu fingerdicken Rollen formen und in etwa 6 cm lange Stücke schneiden. Die Stücke an den Enden etwas dünner rollen. Die Rollen einzeln auf Backbleche (gefettet, mit Backpapier belegt) legen und zu Hörnchen formen.

4. Die zweite Teigportion auf die gleiche Weise verarbeiten. Die Backbleche nacheinander (bei Heißluft zusammen) in den vorgeheizten Backofen schieben. Die Vanillekipferl **etwa 10 Minuten je Backblech backen**.

5. Zum Bestäuben den Puderzucker mit dem Vanillin-Zucker in einer kleinen Schüssel mischen.

6. Die Vanillekipferl mit dem Backpapier von den Backblechen auf Kuchenroste ziehen. Die warmen Vanillekipferl mit der Puderzuckermischung bestäuben und erkalten lassen.

Pro Stück: E: 1 g, F: 4 g, Kh: 5 g, kJ: 234, kcal: 56, BE: 0,5

Schmatza

Weihnachtliche Küsschen

Etwa 100 Stück

Für den Teig:

125 g flüssiger Honig * 200 g Zucker * 1 Prise Salz * 65 g Butterschmalz * 1 Ei (Größe M) * 1 Eigelb (Größe M) * 2 gestr. TL gem. Zimt * 1 gestr. TL gem. Nelken * 1 gestr. TL gem. Kardamon * 1 Pck. Dr. Oetker Finesse Orangenschalen-Aroma * 375 g Weizenmehl * 2 gestr. TL Dr. Oetker Backin * 100 g Orangeat * 40 g gem. Haselnusskerne

Für den Guss und zum Bestreuen:

75 g Vollmilch-Kuvertüre (etwa 30 % Kakaoanteil) * 75 g weiße Kuvertüre * 2–3 EL Zuckerkristalle

Zubereitungszeit: 50 Minuten, ohne Kühl- und Ruhezeit * Backzeit: etwa 15 Minuten je Backblech
Haltbarkeit: 3–4 Wochen in gut schließenden Dosen

1. Für den Teig Honig, Zucker, Salz und Butterschmalz in einem Topf langsam unter Rühren erwärmen. So lange rühren, bis sich der Zucker gelöst hat. Die Honig-Schmalz-Masse in eine Rührschüssel geben und abkühlen lassen.

2. Ei, Eigelb, Zimt, Nelken, Kardamom und Orangenschalen-Aroma unter die fast erkaltete Masse rühren. Mehl mit Backpulver mischen und portionsweise unterrühren.

3. Das Orangeat sehr fein hacken und zuletzt zusammen mit den Haselnusskernen unterrühren. Den Teig zugedeckt etwa 1 Stunde in den Kühlschrank stellen.

4. Den Backofen vorheizen. Ober-/Unterhitze: etwa 180 °C, Heißluft: etwa 160 °C.

5. Aus dem Teig etwa 100 walnussgroße Kugeln formen. Die Teigkugeln mit etwas Abstand auf Backbleche (mit Backpapier belegt) setzen. Die Backbleche nacheinander (bei Heißluft zusammen) in den vorgeheizten Backofen schieben. Die Schmatza **etwa 15 Minuten je Backblech backen**.

6. Die Schmatza mit dem Backpapier von den Backblechen auf Kuchenroste ziehen und erkalten lassen.

7. Für den Guss und zum Bestreuen beide Kuvertüresorten getrennt voneinander in Stücke hacken. Die Kuvertürestücke jeweils in einem kleinen Topf im Wasserbad bei schwacher Hitze unter Rühren schmelzen und jeweils in einen Gefrierbeutel geben.

8. Von einem Beutel eine sehr kleine Ecke abschneiden und die Schmatza mit Kuvertürestreifen überziehen. Mit der anderen Kuvertüre genauso verfahren. Die Schmatza mit Zuckerkristallen bestreuen. Guss fest werden lassen.

Pro Stück: E: 1 g, F: 2 g, Kh: 8 g, kJ: 200, kcal: 48, BE: 0,5

Zimtsterne

Die dürfen nicht fehlen

Etwa 40 Stück
Für den Teig:
3 Eiweiß (Größe M) * 250 g Puderzucker * 1 Pck. Dr. Oetker Vanillin-Zucker * 1 gestr. TL gem. Zimt * etwa 400 g nicht abgezogene, gem. Mandeln oder Haselnusskerne

Zubereitungszeit: 60 Minuten * Backzeit: etwa 25 Minuten je Backblech
Haltbarkeit: etwa 2 Wochen in gut schließenden Dosen

1. Den Backofen vorheizen. Ober-/Unterhitze: etwa 140 °C, Heißluft: etwa 120 °C.

2. Für den Teig Eiweiß mit Handrührgerät mit Rührbesen auf höchster Stufe steif schlagen. Der Schnee muss so fest sein, dass ein Messerschnitt sichtbar bleibt. Nach und nach den Puderzucker unterschlagen und so lange schlagen, bis der Eischnee stark glänzt. Zum Bestreichen der Sterne 2 gut gehäufte Esslöffel Eischnee abnehmen und beiseitestellen.

3. Vanillin-Zucker, Zimt und etwa 150 g von den Mandeln oder Haselnusskernen vorsichtig auf niedrigster Stufe unter den restlichen Eischnee rühren. Von den restlichen Mandeln oder Haselnusskernen so viel mit den Händen unter den Teig kneten, dass er kaum noch klebt.

4. Den Teig auf einer mit Puderzucker bestäubten Arbeitsfläche gut ½ cm dick ausrollen. Mit einer Ausstechform Sterne ausstechen und auf Backbleche (gefettet, mit Backpapier belegt) legen. Die Teigreste evtl. wieder zusammenkneten, erneut ausrollen und weitere Sterne ausstechen – so oft, bis der Teig aufgebraucht ist.

5. Die Sterne mit dem beiseitegestellten Eischnee bestreichen. Der Eischnee soll sich glatt auf die Sterne streichen lassen, evtl. einige Tropfen Wasser unterrühren.

6. Die Backbleche nacheinander (bei Heißluft zusammen) in den vorgeheizten Backofen schieben. Die Zimtsterne **etwa 25 Minuten je Backblech backen**.

7. Die gebackenen Zimtsterne mit dem Backpapier von den Backblechen auf Kuchenroste ziehen. Die Zimtsterne müssen sich beim Herausnehmen auf der Unterseite noch etwas weich anfühlen. Zimtsterne erkalten lassen.

Tipp: Die Sterne lassen sich besser ausstechen, wenn Sie die Ausstechform vorher immer in Wasser tauchen.

Pro Stück: E: 2 g, F: 6 g, Kh: 7 g, kJ: 371, kcal: 89, BE: 0,5

Kleine Elisenlebkuchen

Ein wahrer Klassiker

Etwa 40 Stück

Für den Lebkuchenteig:

3 Eier (Größe M) * 120 g Zucker * 1 Prise Salz * 300 g gem. Haselnuss-, Walnuss- oder Cashewkerne * 1–2 TL Lebkuchengewürz * 1 EL gesiebtes Kakaopulver * ½ TL Hirschhornsalz * 150 g Schlagsahne (mind. 30 % Fett)

Für den Guss:

250 g Zartbitter-Kuvertüre (mind. 50 % Kakaoanteil)

Zum Verzieren und Garnieren:

etwa 50 g weiße Schokolade * einige Schokoperlen

Außerdem:

etwa 40 Backoblaten (Ø etwa 5 cm)

Zubereitungszeit: 60 Minuten, ohne Trocken- und Kühlzeit * Backzeit: etwa 12 Minuten je Backblech
Haltbarkeit: etwa 4 Wochen in gut schließenden Dosen

1. Für den Teig Eier, Zucker und Salz mit Handrührgerät mit Rührbesen dickschaumig aufschlagen. Haselnuss-, Walnuss- oder Cashewkerne mit Lebkuchengewürz, Kakaopulver und Hirschhornsalz gut vermischen, dann mit einem Teigschaber unter den Eierschaum heben. Nach und nach die flüssige Sahne unterziehen.

2. Die Oblaten auf Backblechen (mit Backpapier belegt) verteilen. Die Lebkuchenmasse mithilfe von 2 Teelöffeln auf die Oblaten geben und anschließend etwa 1 Stunde bei Zimmertemperatur trocknen lassen.

3. Den Backofen vorheizen. Ober-/Unterhitze: etwa 180 °C, Heißluft: etwa 160 °C.

4. Die Backbleche nacheinander (bei Heißluft zusammen) in den vorgeheizten Backofen schieben. Die Elisenlebkuchen **etwa 12 Minuten je Backblech backen**.

5. Die Elisenlebkuchen mit dem Backpapier von den Backblechen auf Kuchenroste ziehen und erkalten lassen.

6. Für den Guss die Kuvertüre in kleine Stücke hacken und in einem Topf im Wasserbad bei schwacher Hitze unter Rühren schmelzen. Die Elisenlebkuchen mit dem Guss bestreichen. Guss fest werden lassen.

7. Zum Verzieren und Garnieren die Schokolade in Stücke brechen und wie zuvor beschrieben schmelzen. Die Schokolade in ein Pergamentpapiertütchen füllen und eine kleine Ecke abschneiden. Die Lebkuchen mit Schneeflocken verzieren und mit Schokoperlen garnieren. Schokolade fest werden lassen.

Pro Stück: E: 2 g, F: 8 g, Kh: 7 g, kJ: 471, kcal: 113, BE: 0,6

Rosa Lebkuchenherzen

Farbtupfer

Etwa 45 Stück

Für den Lebkuchenteig:

160 g flüssiger Honig * 50 g brauner Zucker * 40 ml Wasser * 120 g Butter * 1 gestr. TL Natron * 1 gestr. EL Lebkuchengewürz * 1 Msp. Dr. Oetker Finesse Geriebene Zitronenschale * 260 g Weizenmehl

Für den Guss:

3 EL Himbeersirup * 100 g Puderzucker

Zum Bestreuen:

etwas Dessertschmuck, z. B. Zuckerherzen

Zubereitungszeit: 45 Minuten, ohne Kühlzeit * Backzeit: etwa 12 Minuten je Backblech
Haltbarkeit: 3–4 Wochen in gut schließenden Dosen

1. Für den Teig Honig, braunen Zucker und Wasser in einem Topf unter Rühren erwärmen, bis der Zucker gelöst ist. Den Topf von der Kochstelle nehmen. Die Honigmasse etwas abkühlen lassen.

2. Die Butter unter Rühren in der Honigmasse zerlassen. Natron, Lebkuchengewürz und Zitronenschale mit dem Schneebesen unterrühren. Die Honig-Butter-Masse vollständig erkalten lassen.

3. Das Mehl zur Honig-Butter-Masse geben und mit Handrührgerät mit Knethaken auf niedrigster Stufe unterarbeiten. Den Teig in Frischhaltefolie gewickelt mindestens 4 Stunden in den Kühlschrank legen.

4. Den Backofen vorheizen. Ober-/Unterhitze: etwa 180 °C, Heißluft: etwa 160 °C.

5. Den Lebkuchenteig kurz durchkneten und auf einer leicht bemehlten Arbeitsfläche etwa ½ cm dick ausrollen. Mit einer Ausstechform Herzen (Ø etwa 5 ½ cm) ausstechen. Die Teigherzen auf Backbleche (mit Backpapier belegt) legen. Dabei etwas Abstand zwischen den Teigherzen lassen.

6. Die Backbleche nacheinander (bei Heißluft zusammen) in den vorgeheizten Backofen schieben. Die Lebkuchenherzen **etwa 12 Minuten je Backblech backen**.

7. Die Lebkuchenherzen mit dem Backpapier von den Backblechen auf Kuchenroste ziehen und erkalten lassen.

8. Für den Guss den Himbeersirup etwas erwärmen und mit Puderzucker zu einem dickflüssigen Guss verrühren. Die Lebkuchenherzen mit dem Himbeerguss bestreichen und mit Zuckerherzen bestreuen. Den Guss fest werden lassen.

pp: Im Kühlschrank ist der ungebackene Teig, in ischhaltefolie gewickelt, etwa 5 Tage haltbar. Sie önnen ihn auch einfrieren.

Pro Stück: E: 1 g, F: 2 g, Kh: 11 g, kJ: 284, kcal: 68, BE: 0,9

Rosmarin-Sandtaler

Wunderbar mürbe und aromatisch

Etwa 140 Stück
Zum Vorbereiten:
4 kleine Zweige Rosmarin (etwa 4 g Rosmarinnadeln)
Für den Teig:
200 g weiche Butter * 150 g Zucker * 2 Prisen Salz * 1 Ei (Größe M) * 300 g Mehl *
60 g brauner Zucker zum Wälzen

Zubereitungszeit: 40 Minuten, ohne Kühlzeit * Backzeit: etwa 10 Minuten je Backblech
Haltbarkeit: etwa 4 Wochen in gut schließenden Dosen

1. Zum Vorbereiten Rosmarinzweige abspülen, trocken tupfen und die Nadeln von den Zweigen zupfen. Die Nadeln fein hacken.

2. Für den Teig Butter mit Zucker, Salz und Rosmarinnadeln mit Handrührgerät mit Rührbesen zunächst kurz auf niedrigster, dann auf höchster Stufe schaumig schlagen. Das Ei kurz unterrühren. Das Mehl auf die Butter-Ei-Masse geben und mit den Händen unterkneten.

3. Den Teig in 4 Portionen teilen. Jede Teigportion zu einer Rolle (je etwa 35 cm) formen und in dem braunen Zucker wälzen. Die Teigrollen in Frischhaltefolie gewickelt 1–2 Stunden in den Kühlschrank legen.

4. Den Backofen vorheizen. Ober-/Unterhitze: etwa 180 °C, Heißluft: etwa 160 °C.

5. Die Teigrollen mit einem Sägemesser in etwa 1 cm dicke Scheiben schneiden. Dabei die Rollen immer wieder formen, damit die Scheiben gleichmäßig rund sind.

6. Die Taler auf Backbleche (mit Backpapier belegt) legen. Die Backbleche nacheinander (bei Heißluft zusammen) in den vorgeheizten Backofen schieben. Die Rosmarin-Sandtaler **etwa 10 Minuten je Backblech backen**.

7. Die Rosmarin-Sandtaler mit dem Backpapier von den Backblechen auf Kuchenroste ziehen und erkalten lassen.

Pro Stück: E: 0 g, F: 2 g, Kh: 4 g, kJ: 144, kcal: 34, BE: 0,5

Elisenlebkuchen ohne Mehl

Glutenfreier Klassiker

Etwa 30 Stück
Für den Teig:
250 g abgezogene, gem. Mandeln * 40 g Orangeat * 40 g Zitronat (Succade) * 3 Eiweiß (Größe M) * 1 Prise Salz * 150 g Zucker * 2 TL gem. Zimt * 1 gestr. TL gem. Ingwer * 2 Msp. gem. Nelken * 3 EL Schlagsahne
Für den Guss:
120 g Zartbitter-Kuvertüre (mind. 50 % Kakaoanteil) * 1 TL Speiseöl, z. B. Sonnenblumenöl

Zubereitungszeit: 40 Minuten, ohne Trocken- und Abkühlzeit * Backzeit: etwa 8 Minuten je Backblech
Haltbarkeit: etwa 3 Wochen in gut schließenden Dosen

1. Für den Teig die Mandeln in einer Pfanne ohne Fett unter Wenden goldbraun rösten und auf einen Teller geben. Orangeat und Zitronat sehr fein würfeln.

2. Das Eiweiß mit Salz und Zucker in einer Rührschüssel mit Handrührgerät mit Rührbesen auf höchster Stufe etwa 2 Minuten schaumig schlagen. Zimt mit Ingwer, Nelken, Mandeln, Orangeat und Zitronat mischen. Die Mischung mit der Sahne unter die Eiweißmasse heben.

3. Die Lebkuchenmasse in einen Spritzbeutel mit großer Lochtülle füllen. Dicke Tupfen (Ø etwa 5 cm) auf Backbleche (mit Backpapier belegt) spritzen. Dabei genügend Abstand zwischen den Tupfen lassen. Die Lebkuchentupfen etwa 30 Minuten bei Zimmertemperatur trocknen lassen.

4. Den Backofen vorheizen. Ober-/Unterhitze: etwa 180 °C, Heißluft: etwa 160 °C.

5. Die Backbleche nacheinander (bei Heißluft zusammen) in den vorgeheizten Backofen schieben. Die Lebkuchen etwa **8 Minuten je Backblech backen**.

6. Die Backbleche auf einen Kuchenrost stellen. Die Lebkuchen erkalten lassen, anschließend vom Backpapier lösen.

7. Für den Guss die Kuvertüre in Stücke hacken und mit dem Speiseöl in einem Topf im Wasserbad bei schwacher Hitze unter Rühren schmelzen.

8. Die Lebkuchen auf der Unterseite mit dem Guss bestreichen und auf Backpapier setzen. Den Guss fest werden lassen, dann die Lebkuchen umdrehen.

9. Die restliche Kuvertüre evtl. nochmals kurz erwärmen und in einen kleinen Gefrierbeutel geben. Eine kleine Ecke abschneiden. Auf die Lebkuchen ein Gitter spritzen. Den Guss fest werden lassen.

ɔp: Die Lebkuchen nach Belieben
t essbaren Goldsternen verzieren.

Pro Stück: E: 2 g, F: 7 g, Kh: 9 g, kJ: 462, kcal: 110, BE: 0,8

Hinweis: Für den Guss nur ganz frisches Eiweiß verwenden, dass nicht älter als 5 Tage ist (Legedatum beachten!). Sie können den Guss auch mit ½–1 Esslöffel Wasser anrühren.

Pfefferkuchen

Für echte Weihnachtsstimmung

Etwa 50 Stück

Für den Teig:

250 g Zuckerrübensirup (Rübenkraut) * 50 g Zucker * 8 EL Wasser * 50 g Butter * 1 Ei (Größe M) * 1 Eigelb (Größe M) * 1 gestr. TL gem., weißer Pfeffer * 1 Pck. (15 g) Lebkuchengewürz * 1 Msp. Hirschhornsalz * 500 g Weizenmehl (Type 550)

Für den Guss und zum Bestreuen:

200 g Puderzucker * 1 Eiweiß (Größe M) * 1–2 EL Orangensaft * 2 EL Kokosraspel * 2 EL silberne Zuckerperlen

Zubereitungszeit: 90 Minuten, ohne Kühl- und Ruhezeit * Backzeit: 8–10 Minuten je Backblech
Haltbarkeit: etwa 4 Wochen in gut schließenden Dosen

1. Für den Teig Zuckerrübensirup mit Zucker und Wasser in einem Topf aufkochen. Den Topf von der Kochstelle nehmen. Die Butter zufügen und unter Rühren in der Sirupmasse zerlassen. Die Sirupbutter erkalten lassen.

2. Ei, Eigelb, Pfeffer, Lebkuchengewürz und Hirschhornsalz zu der erkalteten Sirupbutter geben. Die Zutaten mit Handrührgerät mit Rührbesen auf mittlerer Stufe unterrühren. Das Mehl hinzufügen und mit einem Teigschaber unter den Teig rühren. Den Teig zugedeckt bei Zimmertemperatur etwa 12 Stunden ruhen lassen.

3. Den Backofen vorheizen. Ober-/Unterhitze: etwa 180 °C, Heißluft: etwa 160 °C.

4. Den Teig kurz durchkneten und portionsweise auf der leicht bemehlten Arbeitsfläche etwa ½ cm dick ausrollen. Mit Ausstechformen beliebige Motive für eine Schneelandschaft ausstechen. Die Teigreste wieder zusammenkneten, erneut ausrollen und weitere Motive ausstechen – so oft, bis der Teig aufgebraucht ist.

5. Die Pfefferkuchen auf Backbleche (gefettet, mit Backpapier belegt) legen. Dabei etwas Abstand zwischen den Pfefferkuchen lassen. Die Backbleche nacheinander (bei Heißluft zusammen) in den vorgeheizten Backofen schieben. Die Pfefferkuchen **8–10 Minuten je Backblech backen**.

6. Die Pfefferkuchen mit dem Backpapier von den Backblechen auf Kuchenroste ziehen und erkalten lassen.

7. Für den Guss und zum Bestreuen Puderzucker mit Eiweiß mit Handrührgerät mit Rührbesen zunächst kurz auf niedrigster, dann auf höchster Stufe in 4 Minuten schaumig aufschlagen. Den Guss mit 1–2 Esslöffeln Orangensaft verrühren, sodass er weicher wird.

8. Die Pfefferkuchen dick mit Zuckerguss bepinseln oder den Zuckerguss in einen Gefrierbeutel füllen, eine kleine Ecke abschneiden und die Pfefferkuchen damit verzieren. Den noch feuchten Guss mit Silberperlen und Kokosraspeln bestreuen. Den Zuckerguss fest werden lassen.

9. Die Pfefferkuchen 1–2 Tage bei Zimmertemperatur ziehen lassen.

Pro Stück: E: 2 g, F: 2 g, Kh: 16 g, kJ: 364, kcal: 87, BE: 1,5

Braune Kuchen

Aromatisch und würzig

Etwa 50 Stück
Für den Knetteig:
60 g Marzipan-Rohmasse * 200 g brauner Zucker * 200 g weiche Butter *
50 g Schlagsahne (mind. 30 % Fett) * 1 Eigelb (Größe M) * 1 gestr. TL Hirschhornsalz *
370 g Weizenmehl * 1–2 TL Spekulatiusgewürz * 1 EL gesiebtes Kakaopulver * 100 g gehobelte Mandeln

Zubereitungszeit: 35 Minuten, ohne Kühlzeit * Backzeit: etwa 12 Minuten je Backblech
Haltbarkeit: etwa 4 Wochen in gut schließenden Dosen

1. Für den Teig Marzipan in Stücke schneiden, mit braunem Zucker und Butter in einer Rührschüssel mit Handrührgerät mit Knethaken auf mittlerer Stufe gut durcharbeiten.

2. Die Sahne mit Eigelb und Hirschhornsalz verschlagen und unter die Buttermasse rühren. Mehl mit Spekulatiusgewürz und Kakao mischen. Die Mehlmischung mit den Händen unter die Buttermasse kneten. Den Teig in Frischhaltefolie gewickelt mindestens 1 Stunde in den Kühlschrank legen.

3. Den Backofen vorheizen. Ober-/Unterhitze: etwa 180 °C, Heißluft: etwa 160 °C.

4. Den Teig kurz durchkneten, flach drücken und auf der mit Mandeln bestreuten Arbeitsfläche etwa ½ cm dick ausrollen. Mit einem Lineal Rillen als Muster in den Teig drücken. Die Teigplatte in Rechtecke (je 4 x 6 cm) schneiden und diese auf Backbleche (mit Backpapier belegt) legen. Dabei etwas Abstand zwischen den braunen Kuchen lassen.

5. Die Backbleche nacheinander (bei Heißluft zusammen) in den vorgeheizten Backofen schieben. Die braunen Kuchen **etwa 12 Minuten je Backblech backen**.

6. Die braunen Kuchen mit dem Backpapier von den Backblechen auf Kuchenroste ziehen und erkalten lassen.

Tipp: Garnieren Sie die braunen Kuchen mit einem Puderzuckerguss aus etwa 70 g Puderzucker und 1 Esslöffel Zitronensaft oder Wasser. Den Guss in ein Papiertütchen füllen und eine kleine Ecke abschneiden. Die braunen Kuchen mit dem Guss und mit bunten Zuckerperlen garnieren. Den Guss fest werden lassen.

Pro Stück: E: 1 g, F: 5 g, Kh: 10 g, kJ: 392, kcal: 94, BE: 0,8

Nelkenbusserl

Einfach nur lecker

Etwa 50 Stück

Für den Teig:

200 g Zuckerrübensirup (Rübenkraut) * 100 g Zucker * 2 Eier (Größe M) * 400 g Weizenmehl * ½ Pck. Dr. Oetker Backin * 1 gestr. TL gem. Zimt * 1 ½ gestr. TL gem. Nelken

Für die Füllung:

120 g Pflaumenmus

Zubereitungszeit: 40 Minuten, ohne Kühlzeit * Backzeit: etwa 10 Minuten je Backblech
Haltbarkeit: etwa 3 Wochen in gut schließenden Dosen

1. Für den Teig Zuckerrübensirup, Zucker und Eier in einer Rührschüssel mit Handrührgerät mit Rührbesen auf mittlerer Stufe cremig schlagen.

2. Mehl mit Backpulver, Zimt und Nelken mischen, auf die Sirupmasse geben. Die Zutaten mit Handrührgerät mit Knethaken auf niedriger Stufe zu einem glatten Teig verkneten. Den Teig in Frischhaltefolie gewickelt mindestens 2 Stunden in den Kühlschrank legen.

3. Den Backofen vorheizen. Ober-/Unterhitze: etwa 180 °C, Heißluft: etwa 160 °C.

4. Von dem Teig mit einem Teelöffel kleine Nelkenbusserl (je etwa 15 g) abstechen und mit bemehlten Händen zu Kugeln formen.

5. Die Teigkugeln auf Backbleche (mit Backpapier belegt) setzen. Dabei etwas Abstand zwischen den Kugeln lassen. In jede Kugel mit einem Kochlöffelstiel eine Mulde drücken.

6. Für die Füllung Pflaumenmus glatt rühren und in einen Gefrierbeutel füllen. Eine kleine Ecke abschneiden. Den Pflaumenmus in die Mulden der Teigkugeln spritzen.

7. Die Backbleche nacheinander (bei Heißluft zusammen) in den vorgeheizten Backofen schieben. Die Nelkenbusserl **etwa 10 Minuten je Backblech backen**.

8. Busserl mit dem Backpapier von den Backblechen auf Kuchenroste ziehen und erkalten lassen.

op: Füllen Sie noch etwas glatt erührtes Pflaumenmus kurz vor em Servieren in die Nelkenbusserl.

Pro Stück: E: 1 g, F: 0 g, Kh: 12 g, kJ: 231, kcal: 55, BE: 1,0

Ingwerlebkuchen

Zum Adventstee

Etwa 45 Stück
Für den Lebkuchenteig:
200 g flüssiger Honig * 50 g brauner Zucker * 3 EL Wasser * 80 g frischer Ingwer *
80 g weiche Butter * 2 Eier (Größe M) * 450 g Weizenmehl * 1 gestr. TL Dr. Oetker Backin
Für den Guss und zum Bestreuen:
6 EL Zitronensaft * 200 g Puderzucker * 3 EL kleine, grüne Zuckerperlen *
einige große, bunte Zuckerperlen (Dessertschmuck)

Zubereitungszeit: 45 Minuten, ohne Kühlzeit * Backzeit: etwa 10 Minuten je Backblech
Haltbarkeit: etwa 4 Wochen in gut schließenden Dosen

1. Für den Teig Honig, braunen Zucker und Wasser in einem Topf unter Rühren erwärmen, bis sich der Zucker gelöst hat. Die Honigmasse in eine Rührschüssel geben und kalt stellen.

2. Den Ingwer schälen und fein reiben. Unter die fast erkaltete Honigmasse mit Handrührgerät mit Rührbesen auf höchster Stufe Ingwer, Butter und Eier rühren. Mehl mit Backpulver mischen und esslöffelweise mit Handrührgerät mit Knethaken auf mittlerer Stufe unterarbeiten. Den Teig in Frischhaltefolie gewickelt mindestens 4 Stunden in den Kühlschrank legen.

3. Den Backofen vorheizen. Ober-/Unterhitze: etwa 180 °C, Heißluft: etwa 160 °C.

4. Den Teig kurz durchkneten und portionsweise auf einer leicht bemehlten Arbeitsfläche etwa 8 mm dick ausrollen. Mit einer Ausstechform Tannenbäume (etwa 8 cm hoch) ausstechen und auf Backbleche (mit Backpapier belegt) legen. Dabei etwas Abstand zwischen den Tannenbäumen lassen.

5. Die Teigreste wieder zusammenkneten, erneut ausrollen und weitere Tannenbäume ausstechen – so oft, bis der Teig aufgebraucht ist. Die Backbleche nacheinander (bei Heißluft zusammen) in den vorgeheizten Backofen schieben. Die Tannenbäume **etwa 10 Minuten je Backblech backen**.

6. Die Tannenbäume mit dem Backpapier von den Backblechen auf Kuchenroste ziehen und erkalten lassen.

7. Für den Guss und zum Bestreuen Zitronensaft mit Puderzucker zu einem dickflüssigen Guss verrühren. Die Tannenbäume mit dem Guss bestreichen, mit kleinen und großen Zuckerperlen bestreuen. Den Guss fest werden lassen.

Pro Stück: E: 1 g, F: 2 g, Kh: 17 g, kJ: 384, kcal: 92, BE: 1,4

Tipp: Die Sirupkuchen mit einem indischen Kardamomtee servieren. Dafür 1 Liter Wasser zum Kochen bringen. 12 grüne Kardamomkapseln hineingeben und etwa 5 Minuten leicht köcheln lassen. Die Kardamomkapseln entfernen. 3 Teelöffel schwarzen Tee in eine vorgewärmte Kanne geben und mit dem Kardamomwasser auffüllen. Nach Geschmack ziehen lassen. Den Tee mit Zucker und Zimt servieren.

Sirupkuchen

Wunderbar weihnachtlich gewürzt

Etwa 60 Stück
Für den Sirup:
150 ml Wasser * 200 g Zucker * 15 Gewürznelken * 2 Stangen Zimt * 1 Stück Sternanis * 5 Kardamomkapseln * 1 TL gem. Ingwer * 1 Prise Salz
Für den Teig:
120 g weiche Butter * 2 Eier (Größe M) * 200 g gem. Haselnusskerne * 280 g Dinkelmehl * 2 TL Dr. Oetker Backin
Zum Bestreuen:
3 EL Zucker * 1 TL gem. Zimt

Zubereitungszeit: 40 Minuten, ohne Durchzieh- und Kühlzeit * Backzeit: etwa 12 Minuten je Backblech
Haltbarkeit: etwa 4 Wochen in gut schließenden Dosen

1. Für den Sirup Wasser, Zucker, Gewürznelken, Zimtstangen, Sternanis, zerdrückte Kardamomkapseln, Ingwer und Salz in einem Topf zum Kochen bringen und etwa 2 Minuten sprudelnd kochen lassen. Den Topf von der Kochstelle nehmen. Die Gewürze im Sirup einige Stunden ziehen lassen.

2. Den Sirup durch ein Sieb in eine Rührschüssel gießen (ergibt 200 ml Sirup).

3. Für den Teig Butter, Eier und Haselnusskerne zu dem Sirup in die Schüssel geben. Die Zutaten mit Handrührgerät mit Rührbesen schaumig schlagen. Dinkelmehl mit Backpulver mischen und unter die Sirupmasse kneten. Den Teig in Frischhaltefolie gewickelt 1–2 Stunden in den Kühlschrank legen.

4. Den Backofen vorheizen. Ober-/Unterhitze: etwa 180 °C, Heißluft: etwa 160 °C.

5. Zum Bestreuen den Zucker mit dem Zimt mischen. Den Sirupteig auf einer leicht bemehlten Arbeitsfläche kurz durchkneten und in 4 Portionen teilen.

6. Die Teigportionen jeweils zu einer etwa 40 cm langen Rolle formen und in je etwa 16 Stücke schneiden. Die Teigstücke zu Kugeln formen und mit etwas Abstand auf Backbleche setzen.

7. Die Teigkugeln mit Wasser bestreichen und mit Zimt-Zucker bestreuen.

8. Die Backbleche nacheinander (bei Heißluft zusammen) in den vorgeheizten Backofen schieben. Die Sirupkuchen **etwa 12 Minuten je Backblech backen**.

9. Die Sirupkuchen mit dem Backpapier von den Backblechen auf Kuchenroste ziehen und erkalten lassen.

Pro Stück: E: 1 g, F: 4 g, Kh: 8 g, kJ: 301, kcal: 72, BE: 0,7

Mit Karamell, Schokolade und Marzipan

... werden diese Plätzchen zu verführerischen Gaumenfreuden geadelt, denen niemand widerstehen möchte: einfach die Augen schließen, auf der Zunge zergehen lassen und in süßen Träumen schwelgen.

Tipps: Sie benötigen für den Guss nicht die gesamte Kuvertüremenge. Die Dominosteine lassen sich allerdings einfacher mit dem Guss überziehen, wenn Sie eine größere Menge geschmolzen haben.
Die Dominosteine mit ausgestochenen Sternen (evtl. mit Goldpuder bepinselt) und Eiskristallen aus Rollfondant garnieren.

Weiße Dominosteine

Der Klassiker, exotisch veredelt

Etwa 60 Stück
Für den Teig:
100 g Honig * 40 g Zucker * 3 EL Wasser * 70 g Butter * 1 Ei (Größe M) * 2 gestr. TL Lebkuchengewürz * 50 g Ananaskonfitüre * 200 g Weizenmehl (Type 550) * 1 gestr. TL Dr. Oetker Backin * 60 g gem. Mandeln
Zum Bestreichen:
150 g Ananaskonfitüre
Für die Füllung und den Guss:
50 g Kokosraspel * 1 kleine Bio-Limette (unbehandelt, ungewachst) * 300 g Marzipan-Rohmasse * 1 EL Puderzucker * 800 g weiße Kuvertüre

Zubereitungszeit: 2 Stunden, ohne Kühl- und Trockenzeit * Backzeit: etwa 20 Minuten
Haltbarkeit: etwa 3 Wochen in gut schließenden Dosen

1. Für den Teig Honig mit Zucker und Wasser in einem Topf aufkochen. Den Topf von der Kochstelle nehmen. Die Butter darin unter Rühren zerlassen. Die Masse erkalten lassen.

2. Den Backofen vorheizen. Ober-/Unterhitze: etwa 180 °C, Heißluft: etwa 160 °C.

3. Ei und Lebkuchengewürz zu der Honigmasse geben, mit Handrührgerät mit Rührbesen auf höchster Stufe schaumig schlagen. Konfitüre kurz unterrühren. Mehl mit Backpulver und Mandeln mit einem Teigschaber unter den Teig heben.

4. Einen Backrahmen (20 x 30 cm) auf ein Backblech (gefettet, mit Backpapier belegt) stellen. Den Teig in den Backrahmen füllen und glatt streichen. Das Backblech in den vorgeheizten Backofen schieben. Die Gebäckplatte **etwa 20 Minuten backen**.

5. Zum Bestreichen das Backblech auf einen Kuchenrost stellen. Die Ananaskonfitüre aufkochen und auf der warmen Gebäckplatte glatt verstreichen. Die Gebäckplatte erkalten lassen.

6. Für die Füllung die Kokosraspel in einer Pfanne ohne Fett unter Wenden goldbraun rösten und auf einen Teller geben. Die Limette heiß abwaschen, abtrocknen und die Schale fein abreiben.

7. Marzipan mit Kokosraspeln und Limettenschale verkneten. Das Kokosmarzipan auf einer mit Puderzucker bestäubten Arbeitsfläche zu einem Rechteck (20 x 30 cm) ausrollen und auf die Gebäckplatte legen. Dann die Gebäckplatte vorsichtig aus dem Backrahmen schneiden und in 3 cm große Würfel schneiden.

8. Für den Guss die Kuvertüre in Stücke hacken und in einem Topf im Wasserbad bei schwacher Hitze unter Rühren schmelzen.

9. Die Dominosteine mit einer Gabel in die Kuvertüre tauchen, dann wieder herausnehmen. Die überschüssige Kuvertüre am Topfrand etwas abklopfen, dann die Dominosteine auf Backbleche (mit Backpapier belegt) setzen und trocknen lassen. Die Kuvertüre zwischendurch evtl. nochmals etwas erwärmen.

Pro Stück: E: 2 g, F: 5 g, Kh: 11 g, kJ: 420, kcal: 100, BE: 1,0

Tipp: Die Chili-Bananen-Brownies zur Aufbewahrung nicht stapeln, da sie etwas krümeln.

Chili-Bananen-Brownies

Mit feuriger Note

Etwa 30 Stück

Zum Vorbereiten:

180 g Bananenchips * 200 g Zartbitter-Kuvertüre (mind. 50 % Kakaoanteil) * 200 g Butter oder Margarine

Für den Teig:

4 Eier (Größe M) * 100 g Zucker * 80 g Weizenmehl * 60 g Semmelbrösel * 80 g gem. Mandeln * 1 gestr. TL Chiliflocken * 2 gestr. TL Dr. Oetker Backin

Für den Guss:

280 g weiße Schokolade * 80 g Schlagsahne (mind. 30 % Fett) * 20 g Kokosfett * 70 g Bananenchips * 1 Msp. Chiliflocken

Zubereitungszeit: 60 Minuten, ohne Kühlzeit * Backzeit: etwa 20 Minuten
Haltbarkeit: etwa 8 Tage in gut schließenden Dosen

1. Zum Vorbereiten die Bananenchips in einen Gefrierbeutel geben. Den Beutel fest verschließen, die Chips mit einer Teigrolle zerbröseln und beiseitestellen. Die Kuvertüre in Stücke hacken und mit der Butter in einem Topf im Wasserbad bei schwacher Hitze unter Rühren schmelzen.

2. Den Backofen vorheizen. Ober-/Unterhitze: etwa 190 °C, Heißluft: etwa 170 °C.

3. Für den Teig Eier mit Zucker in einer Rührschüssel mit Handrührgerät mit Rührbesen zunächst kurz auf niedrigster, dann auf höchster Stufe dickschaumig aufschlagen. Die warme Kuvertüre-Butter-Masse hinzugeben und unterrühren.

4. Mehl mit Semmelbröseln, Mandeln, Chiliflocken, Backpulver und Bananenchips gut mischen. Die Mischung mit einem Teigschaber unter die Eier-Butter-Masse heben.

5. Einen Backrahmen (25 x 30 cm) auf ein Backblech (gefettet, mit Backpapier belegt) stellen. Den Teig in den Backrahmen geben und glatt streichen. Das Backblech in den vorgeheizten Backofen schieben. Den Browniekuchen **etwa 20 Minuten backen**.

6. Das Backblech auf einen Kuchenrost stellen. Den Browniekuchen erkalten lassen.

7. Für den Guss Schokolade in Stücke brechen. Die Sahne unter Rühren aufkochen. Den Topf von der Kochstelle nehmen, die Schokolade und das Kokosfett darin unter Rühren auflösen.

8. Den Guss warm auf den Browniekuchen geben, glatt streichen und mit Bananenchips und Chiliflocken bestreuen. Den Browniekuchen zugedeckt etwa 60 Minuten kalt stellen.

9. Den Backrahmen vorsichtig lösen und entfernen. Den Browniekuchen in Stücke (je 5 x 5 cm) schneiden.

Pro Stück: E: 3 g, F: 17 g, Kh: 22 g, kJ: 1040, kcal: 249, BE: 2,0

Schoko-Sanddorn-Kleckse

... zergehen auf der Zunge

Etwa 50 Stück

Für die Schokoladenmasse:

300 g Edelbitter-Kuvertüre (etwa 72 % Kakaoanteil) * 6 TL loser, schwarzer Sanddorntee

Zubereitungszeit: etwa 40 Minuten, ohne Schmelzzeit
Haltbarkeit: etwa 6 Wochen in gut schließenden Dosen

1. Den Backofen vorheizen. Ober-/Unterhitze: etwa 50 °C, Heißluft: etwa 50 °C.

2. Die Kuvertüre in Stücke hacken. 220 g der Kuvertürestücke in eine Metallschüssel oder einen ofenfesten Kochtopf geben und auf dem Rost in den vorgeheizten Backofen schieben. Die Kuvertüre etwa 20 Minuten schmelzen, dabei ab und zu umrühren.

3. Die Metallschüssel bzw. den Kochtopf aus dem Backofen nehmen. Die restliche Kuvertüre ebenfalls in die Schüssel bzw. in den Topf geben und langsam unterrühren, bis sie geschmolzen ist. 3 Teelöffel des Sanddorntees zuletzt unter die Kuvertüre rühren.

4. Die Kuvertüre mit einem Esslöffel in Häufchen auf Backbleche (mit Backpapier belegt) geben. Die Backbleche mehrmals leicht auf die Arbeitsplatte klopfen, sodass die Kuvertüre-Häufchen dünn zu Kreisen zerfließen. Die Schokokleckse mit dem restlichen Sanddorntee bestreuen und fest werden lassen.

Tipps: Zum Aufbewahren jeweils eine Lage Alufolie zwischen die Schokokleckse legen. Die Backofentemperatur zum Schmelzen der Kuvertüre ist bei Ober-/Unterhitze und Heißluft gleich.

Pro Stück: E: 0 g, F: 3 g, Kh: 2 g, kJ: 144, kcal: 35, BE: 0,2

Schokobärentatzen

... und dazu einen Cappuccino

Etwa 40 Stück
Für den Teig:
150 g weiche Butter * 80 g Puderzucker * 1 Prise Salz * 1 Ei (Größe M) *
260 g Weizenmehl * 20 g gesiebtes Kakaopulver
Für die Füllung:
120 g Pfefferminztaler * 50 g Butter

Zubereitungszeit: 60 Minuten, ohne Abkühlzeit * Backzeit: etwa 10 Minuten je Backblech
Haltbarkeit: etwa 2 Wochen in gut schließenden Dosen

1. Den Backofen vorheizen. Ober-/Unterhitze: etwa 190 °C, Heißluft: etwa 170 °C.

2. Für den Teig Butter mit Puderzucker, Salz und Ei mit Handrührgerät mit Rührbesen zunächst kurz auf niedrigster, dann auf höchster Stufe in etwa 4 Minuten schaumig schlagen.

3. Das Mehl mit dem Kakao mischen und mit einem Teigschaber unterheben. Dabei die Mehl-Kakao-Mischung so kurz wie möglich unterheben, damit der Teig nicht zäh wird.

4. Den Teig in einen Spritzbeutel mit Sterntülle (Ø etwa 1 ½ cm) füllen und als Bärentatzen auf Backbleche (gefettet, mit Backpapier belegt) spritzen. Dabei genügend Abstand zwischen den Bärentatzen lassen.

5. Die Backbleche nacheinander (bei Heißluft zusammen) in den vorgeheizten Backofen schieben. Die Bärentatzen **etwa 10 Minuten je Backblech backen**.

6. Die Bärentatzen mit dem Backpapier von den Backblechen auf Kuchenroste ziehen und erkalten lassen.

7. Für die Füllung die Pfefferminztaler in sehr kleine Stücke schneiden und in eine Rührschüssel geben. Die Butter hinzufügen und mit Handrührgerät mit Rührbesen zunächst kurz auf niedrigster, dann auf höchster Stufe schaumig schlagen.

8. Die Hälfte der Bärentatzen auf der Unterseite mit etwas Pfefferminzbutter bestreichen. Die restlichen Bärentatzen daraufsetzen und leicht andrücken.

Pro Stück: E: 1 g, F: 5 g, Kh: 9 g, kJ: 351, kcal: 84, BE: 0,5

Bunte Brezeln

Dekoratives Naschwerk

Etwa 65 Stück

Für den Teig:

250 g Weizenmehl * 2 gestr. TL Dr. Oetker Backin * 1 Pck. Dr. Oetker Vanillin-Zucker * 250 g Magerquark * 200 g weiche Butter

Für den Guss:

300 g Zartbitter-Schokolade (mind. 50 % Kakaoanteil) * 50 g Kokosfett

Zum Bestreuen:

kleine, bunte Zuckerperlen

Zubereitungszeit: 40 Minuten, ohne Kühlzeit * Backzeit: 12–15 Minuten je Backblech
Haltbarkeit: etwa 2 Wochen in gut schließenden Dosen

1. Für den Teig Mehl mit Backpulver in einer Rührschüssel mischen. Restliche Zutaten hinzufügen und mit Handrührgerät mit Knethaken zunächst kurz auf niedrigster, dann auf höchster Stufe gut durcharbeiten. Anschließend auf einer leicht bemehlten Arbeitsfläche zu einem glatten Teig verkneten.

2. Den Teig auf der leicht bemehlten Arbeitsfläche etwa ½ cm dick ausrollen, mehrfach übereinanderschlagen und wieder ausrollen. Den Vorgang noch 1- bis 2-mal wiederholen. Anschließend den Teig in Frischhaltefolie gewickelt 6–8 Stunden, am besten über Nacht, in den Kühlschrank legen.

3. Den Backofen vorheizen. Ober-/Unterhitze: 200–220 °C, Heißluft: 180–200 °C.

4. Den Teig etwa ½ cm dick zu einem Rechteck (etwa 44 x 30 cm) ausrollen. Die Teigplatte mithilfe eines Lineals oder eines Holzschneidebretts in Streifen (je ½ x 22 cm) schneiden. Die Teigstreifen zu Brezeln schlingen und auf Backbleche (mit Backpapier belegt) legen.

5. Die Backbleche nacheinander (bei Heißluft zusammen) in den vorgeheizten Backofen schieben. Die Brezeln **12–15 Minuten je Backblech backen**.

6. Die Brezeln mit dem Backpapier von den Backblechen auf Kuchenroste ziehen und erkalten lassen.

7. Für den Guss die Schokolade in Stücke brechen und mit dem Kokosfett in einem kleinen Topf im Wasserbad bei schwacher Hitze unter Rühren schmelzen. Die Brezeln in den Guss tauchen, auf Backpapier legen und mit Zuckerperlen bestreuen. Den Guss fest werden lassen.

Tipps: Wenn der Teig zu feucht ist, arbeiten Sie etwas mehr Mehl unter.
Der Teig ist nicht sehr süß. Die nötige Süße bekommen die Brezeln durch den Guss und die Zuckerperlen.

Pro Stück: E: 1 g, F: 5 g, Kh: 6 g, kJ: 309, kcal: 74, BE: 0,5

Panforte

Schoko-Panforte-Würfel

Weihnachtliche Leckerbissen

Etwa 45 Stück
Zum Vorbereiten:
100 g Haselnusskerne * 80 g kandierter Ingwer * 100 g Orangeat *
120 g Zartbitter-Kuvertüre (mind. 50 % Kakaoanteil)
Für die Panforte-Masse:
150 g Zucker * 150 g flüssiger Honig * 1 Prise Salz * 40 g Butter * 2 EL Wasser *
3 eckige Backoblaten (je 120 x 200 mm) * 200 g gestiftelte Mandeln * 50 g Weizenmehl *
1 TL gem. Zimt * 1 TL gem. Ingwer * ½ TL gem. Kardamom

Zubereitungszeit: 60 Minuten, ohne Abkühlzeit * Backzeit: etwa 12 Minuten
Haltbarkeit: etwa 4 Wochen in gut schließenden Dosen

1. Zum Vorbereiten die Haselnüsse grob hacken. Ingwer, Orangeat und Kuvertüre fein hacken.

2. Für die Panforte-Masse Zucker, Honig, Salz, Butter und Wasser in einem Topf unter Rühren aufkochen. Den Topf von der Kochstelle nehmen.

3. Einen Backrahmen (20 x 36 cm) auf ein Backblech (gefettet, mit Backpapier belegt) stellen. Den Boden mit den Oblaten auslegen.

4. Den Backofen vorheizen. Ober-/Unterhitze: etwa 180 °C, Heißluft: etwa 160 °C.

5. Haselnüsse, Ingwer, Orangeat, Kuvertüre und Mandeln zu der heißen Zucker-Honig-Masse geben und mit einem Kochlöffel unterrühren.

6. Mehl mit Zimt, Ingwer und Kardamom mischen, auf die Honig-Nuss-Masse geben und unterrühren.

7. Die Panforte-Masse mit einem Esslöffel in den Backrahmen auf den Oblaten verteilen und glatt streichen. Das Backblech in den vorgeheizten Backofen schieben. Das Panforte-Gebäck **etwa 12 Minuten backen**.

8. Das Panforte-Gebäck vorsichtig mit Backrahmen und -papier von dem Backblech auf einen Kuchenrost ziehen und erkalten lassen.

9. Den Backrahmen vorsichtig lösen und entfernen. Das Panforte-Gebäck mit einem Sägemesser in Stücke (je 4 x 4 cm) schneiden.

Pro Stück: E: 1 g, F: 5 g, Kh: 12 g, kJ: 422, kcal: 101, BE: 1,0

Quittenlebkuchen mit Schokoguss

Kleine Schmuckstücke

Etwa 50 Stück

Für den Teig:

250 g Quittengelee * 100 g weiche Butter * 1 gestr. TL Dr. Oetker Finesse Geriebene Zitronenschale * 1 gestr. TL Natron * 350 g Weizenmehl * 2 gestr. TL gem. Zimt * 2 gestr. TL gem. Ingwer * 1 Msp. gem. Nelken

Zum Bestreichen:

120 g Quittengelee

Für den Guss:

200 g Vollmilch-Kuvertüre (etwa 30 % Kakaoanteil)

Zum Garnieren:

etwas Gold-Staub * einige weiße, dunkle und goldene Knusperperlen

Zubereitungszeit: 60 Minuten, ohne Kühlzeit * Backzeit: etwa 12 Minuten je Backblech
Haltbarkeit: etwa 4 Wochen in gut schließenden Dosen

1. Für den Teig Quittengelee mit Butter und Zitronenschale mit Handrührgerät mit Rührbesen auf mittlerer Stufe glatt rühren. Natron, Mehl, Zimt, Ingwer und Nelken hinzufügen. Die Zutaten mit Handrührgerät mit Knethaken auf niedrigster Stufe unterarbeiten. Den Teig in Frischhaltefolie gewickelt etwa 1 Stunde in den Kühlschrank legen.

2. Den Backofen vorheizen. Ober-/Unterhitze: etwa 180 °C, Heißluft: etwa 160 °C.

3. Den Teig kurz durchkneten und auf einer leicht bemehlten Arbeitsfläche etwa 1 cm dick ausrollen. Mit einer runden Ausstechform (Ø etwa 3 ½ cm) Kreise ausstechen. Die Teigreste wieder zusammenkneten, erneut ausrollen und weitere Kreise ausstechen – so oft, bis der Teig aufgebraucht ist.

4. Die Teigkreise auf Backbleche (mit Backpapier belegt) legen. Dabei etwas Abstand zwischen den Teigkreisen lassen. Die Backbleche nacheinander (bei Heißluft zusammen) in den vorgeheizten Backofen schieben. Die Lebkuchen **etwa 12 Minuten je Backblech backen**.

5. Die Lebkuchen mit dem Backpapier von den Backblechen auf Kuchenroste ziehen.

6. Zum Bestreichen das Quittengelee in einen Topf geben und gut aufkochen. Die lauwarmen Lebkuchen damit bestreichen und erkalten lassen.

7. Für den Guss Kuvertüre in kleine Stücke hacken und in einem kleinen Topf im Wasserbad bei schwacher Hitze unter Rühren schmelzen.

8. Die Quittenlebkuchen kopfüber in die Kuvertüre tauchen, abtropfen lassen und auf mit Backpapier belegte Kuchenroste setzen. Die Quittenlebkuchen mit Gold-Staub bestäuben und mit Knusperperlen bestreuen. Die Kuvertüre trocknen lassen.

Pro Stück: E: 1 g, F: 3 g, Kh: 13 g, kJ: 350, kcal: 84, BE: 1,1

Schoko-Erdnuss-Taler

Groß, schokoladig & nussig

Etwa 25 Stück:
Zum Vorbereiten:
125 g ungesalzene Erdnusskerne * 250 g Zartbitter-Kuvertüre (mind. 50 % Kakaoanteil)
Für den Teig:
150 g weiche Butter * 1 EL Erdnusscreme * 250 g brauner Zucker * 125 g Zucker *
1 Pck. Dr. Oetker Bourbon-Vanille-Zucker * 2 Eier (Größe M) * 300 g Weizenmehl *
½ gestr. TL Salz * 1 gestr. TL Natron

Zubereitungszeit: 30 Minuten * Backzeit: 10–12 Minuten je Backblech
Haltbarkeit: etwa 3 Wochen in gut schließenden Dosen

1. Zum Vorbereiten die Erdnüsse und die Kuvertüre grob hacken.

2. Den Backofen vorheizen. Ober-/Unterhitze: etwa 180 °C, Heißluft: etwa 160 °C.

3. Für den Teig Butter und Erdnusscreme in eine Rührschüssel geben und mit Handrührgerät mit Rührbesen auf höchster Stufe in etwa 3 Minuten schaumig schlagen. Beide Zuckersorten mit dem Vanille-Zucker mischen und nach und nach unterrühren. So lange rühren, bis eine gebundene Masse entstanden ist.

4. Die Eier nach und nach unterrühren (jedes Ei etwa ½ Minute). Mehl mit Salz und Natron mischen und in 2 Portionen auf mittlerer Stufe kurz unter den Teig rühren.

5. Erdnüsse und Schokoladenstückchen hinzufügen und unterheben.

6. Den Teig in esslöffelgroßen Portionen auf Backbleche (gefettet, mit Backpapier belegt) setzen. Dabei genügend Abstand zwischen den Teighäufchen lassen. Die Backbleche nacheinander (bei Heißluft zusammen) in den vorgeheizten Backofen schieben. Die Schoko-Erdnuss-Taler **10–12 Minuten je Backblech backen**.

7. Die Schoko-Erdnuss-Taler mit dem Backpapier von den Backblechen auf Kuchenroste ziehen und erkalten lassen, dann vom Backpapier lösen.

Pro Stück: E: 4 g, F: 12 g, Kh: 28 g, kJ: 1154, kcal: 238, BE: 2,4

Tipp: Den Guss können Sie auch durch einen halben Beutel dunkle Kuchenglasur ersetzen.

Karamellschnitten mit Fleur de Sel

Süß-salzige Verführung

Etwa 45 Stück

Für den Knetteig:

300 g Weizenmehl * ½ TL Dr. Oetker Backin * 100 g Zucker * 1 Prise Salz * 200 g Butter * 1 Ei (Größe M)

Für das Karamell:

400 ml gezuckerte Kondensmilch * 40 g Butter * 2 EL Zuckerrübensirup (Rübenkraut) * 2 Prisen Fleur de Sel

Für den Guss und zum Bestreuen:

60 g Zartbitter-Kuvertüre (mind. 50 % Kakaoanteil) * 10 g Kokosfett * ½ TL Fleur de Sel

Zubereitungszeit: 60 Minuten, ohne Kühl- und Ruhezeiten * Backzeit: etwa 18 Minuten
Haltbarkeit: etwa 4 Wochen in gut schließenden Dosen

1. Für den Teig Mehl mit Backpulver in einer Rührschüssel mischen. Restliche Zutaten hinzufügen und mit Handrührgerät mit Knethaken zunächst kurz auf niedrigster, dann auf höchster Stufe gut durcharbeiten.

2. Anschließend auf einer leicht bemehlten Arbeitsfläche kurz zu einem Teig verkneten. Den Teig in Frischhaltefolie gewickelt 1–2 Stunden in den Kühlschrank legen.

3. Den Backofen vorheizen. Ober-/Unterhitze: etwa 190 °C, Heißluft: etwa 170 °C.

4. Den Teig kurz durchkneten und auf der leicht bemehlten Arbeitsfläche zu einem Rechteck (30 x 20 cm) ausrollen. Die Teigplatte auf ein Backblech (gefettet, mit Backpapier belegt) legen und mehrmals mit einer Gabel einstechen. Einen Backrahmen darumstellen.

5. Das Backblech in den vorgeheizten Backofen schieben. Die Gebäckplatte in **etwa 10 Minuten zartbraun backen**. Das Backblech auf einen Kuchenrost stellen.

6. Für das Karamell Kondensmilch, Butter und Zuckerrübensirup in einem Topf bei schwacher Hitze unter ständigem Rühren 6 Minuten erhitzen. Den Topf von der Kochstelle nehmen, das Fleur de Sel unterrühren. Das Karamell auf die Gebäckplatte geben und glatt streichen.

7. Das Backblech wieder in den heißen Backofen schieben. Das Karamellgebäck bei gleicher Backofentemperatur **etwa 8 Minuten backen**.

8. Das Backblech auf einen Kuchenrost stellen. Das Karamellgebäck erkalten lassen.

9. Für den Guss die Kuvertüre in Stücke hacken. Kuvertürestücke und Kokosfett in einem Topf im Wasserbad bei schwacher Hitze unter Rühren schmelzen. Die Kuvertüre auf das Karamellgebäck geben, mit einem Pinsel gleichmäßig verstreichen und mit Fleur de Sel bestreuen. Das Karamellgebäck bei Zimmertemperatur über Nacht ziehen lassen.

10. Das Karamellgebäck mit einem Messer in Rechtecke (je etwa 2 x 7 cm) schneiden, dabei das Messer zwischendurch immer wieder säubern.

Pro Stück: E: 2 g, F: 6 g, Kh: 13 g, kJ: 484, kcal: 116, BE: 1,0

St. Gallener Walnuss-Biberli

... mit einem Schuss Rum

Etwa 60 Stück
Für den Teig:
150 g flüssiger Honig * 130 g Zuckerrübensirup (Rübenkraut) * 1 Ei (Größe M) * 380 g Weizenmehl * 1 gestr. TL Dr. Oetker Backin * 2 gestr. TL gem. Zimt * 1 Msp. gem. Nelken
Für die Füllung:
100 g Walnusskerne * 200 g Marzipan-Rohmasse * 3 EL Rum * 50 ml Milch zum Bestreichen

Zubereitungszeit: 50 Minuten, ohne Kühlzeit * Backzeit: etwa 12 Minuten je Backblech
Haltbarkeit: etwa 6 Wochen in gut schließenden Dosen

1. Für den Teig Honig, Zuckerrübensirup und Ei in einer Rührschüssel mit Handrührgerät mit Rührbesen gut verrühren. Mehl mit Backpulver, Zimt und Nelken mischen, auf die Honigmasse geben. Die Zutaten mit Handrührgerät mit Knethaken auf niedrigster Stufe zu einem glatten Teig verarbeiten. Den Teig in Frischhaltefolie gewickelt mindestens 1 Stunde in den Kühlschrank legen.

2. Für die Füllung Walnusskerne fein hacken. Das Marzipan mit Walnusskernen und Rum verkneten. Walnussmarzipan in 3 gleich große Portionen teilen. Jede Marzipanportion zu einer Stange (je etwa 35 cm lang) formen.

3. Den Backofen vorheizen. Ober-/Unterhitze: etwa 180 °C, Heißluft: etwa 160 °C.

4. Den Teig kurz durchkneten und auf einer leicht bemehlten Arbeitsfläche zu einem Rechteck (etwa 28 x 35 cm) ausrollen. Das Teigrechteck 2-mal längs durchschneiden (je etwa 9 cm x 35 cm) und dünn mit Milch bestreichen. Jeweils eine Walnussmarzipanstange auf die Teigstreifen legen und einrollen. Die Stangen zu je 50 cm langen Rollen formen. Mit einem Messer 2–3 cm große Dreiecke von den Rollen abschneiden und auf Backbleche (mit Backpapier belegt) setzen. Dabei etwas Abstand zwischen den Teigdreiecken lassen. Die Dreiecke mit Milch bestreichen.

5. Die Backbleche nacheinander (bei Heißluft zusammen) in den vorgeheizten Backofen schieben. Die Walnuss-Biberli **etwa 12 Minuten je Backblech backen**.

6. Die Biberli mit dem Backpapier von den Backblechen auf Kuchenroste ziehen und erkalten lassen.

Pro Stück: E: 2 g, F: 2 g, Kh: 9 g, kJ: 281, kcal: 67, BE: 0,8

Ausstechkekse

... nach Lust und Laune verzieren und garnieren

Etwa 55 Stück
Für den Knetteig:
150 g Weizenmehl * 1 Msp. Dr. Oetker Backin * 50 g Zucker * 1 Pck. Dr. Oetker Vanillin-Zucker * 100 g Butter oder Margarine
Zum Garnieren:
etwas Puderzucker zum Bestäuben und für den Guss * etwas Zitronensaft * Speisefarbe in verschiedenen Farben * einige Schokostreusel und -blättchen * bunte Zuckerstreusel und -perlen * gehackte, geröstete Mandeln

Zubereitungszeit: 35 Minuten, ohne Kühlzeit * Backzeit: etwa 12 Minuten je Backblech
Haltbarkeit: etwa 3 Wochen in gut schließenden Dosen

1. Für den Teig Mehl mit Backpulver in einer Rührschüssel mischen. Restliche Zutaten hinzufügen und mit Handrührgerät mit Knethaken zunächst kurz auf niedrigster, dann auf höchster Stufe gut durcharbeiten. Anschließend auf einer leicht bemehlten Arbeitsfläche kurz zu einem Teig verkneten. Sollte er kleben, ihn in Frischhaltefolie gewickelt eine Zeit lang in den Kühlschrank legen.

2. Den Backofen vorheizen. Ober-/Unterhitze: etwa 180 °C, Heißluft: etwa 160 °C.

3. Den Teig portionsweise auf der leicht bemehlten Arbeitsfläche etwa ½ cm dick ausrollen. Mit Ausstechförmchen beliebige Motive ausstechen. Die Teigreste wieder zusammenkneten, erneut ausrollen und weitere Motive ausstechen – so oft, bis der Teig aufgebraucht ist. Die Teigplätzchen auf Backbleche (mit Backpapier belegt) legen.

4. Die Backbleche nacheinander (bei Heißluft zusammen) in den vorgeheizten Backofen schieben. Die Plätzchen **etwa 12 Minuten je Backblech backen**.

5. Die Plätzchen mit dem Backpapier von den Backblechen auf Kuchenroste ziehen und erkalten lassen.

6. Zum Garnieren die Plätzchen nach Belieben verzieren und garnieren. Die Plätzchen zum Beispiel mit Puderzucker bestäuben, mit Puderzuckerglasur – evtl. mit Speisefarbe gefärbt – bestreichen und mit Schokostreuseln, -blättchen, bunten Zuckerstreuseln, -perlen oder gehackten, gerösteten Mandeln bestreuen.

Pro Stück: E: 0 g, F: 2 g, Kh: 4 g, kJ: 144, kcal: 34, BE: 0,5

Luftige Schaumkronen

Eiweiß mit Zucker zu schaumigem Schnee schlagen, mit Mandeln, Nüssen und Gewürzen verfeinern und im heißen Ofen in luftige Schaumkronen verwandeln. Wenn sie dann zart-knusprig dem Gaumen schmeicheln, ist das Genussfreude pur.

Anislaiberl

Federleichte Knusperstückchen – mit Alkohol

Etwa 60 Stück

Für den Teig:

10 g Anissamen * 2 Eiweiß (Größe M) * 150 g Zucker * 2 Eigelb (Größe M) * 150 g Weizenmehl

Für die Füllung:

120 g Zartbitter-Kuvertüre (mind. 50 % Kakaoanteil) * 100 g Schlagsahne (mind. 30 % Fett) * 20 ml Pernod

Zubereitungszeit: 40 Minuten, ohne Ruhe- und Abkühlzeit * Backzeit: 12–14 Minuten je Backblech
Haltbarkeit: 2–3 Wochen in gut schließenden Dosen

1. Für den Teig den Anissamen grob hacken und beiseitestellen. Eiweiß in einer Rührschüssel mit Handrührgerät mit Rührbesen auf höchster Stufe steif schlagen. Der Schnee muss so fest sein, dass ein Messerschnitt sichtbar bleibt. Nach und nach Zucker unterschlagen und so lange schlagen, bis der Eischnee stark glänzt.

2. Das Eigelb hinzugeben und kurz unterschlagen. Zuletzt Mehl und Anissamen mit einem Teigschaber vorsichtig unterheben.

3. Den Teig in einen Spritzbeutel mit Lochtülle (Ø etwa 1–1 ½ cm) füllen. Den Teig als flache Tupfen (Ø etwa 3 cm) auf Backbleche (gefettet, mit Backpapier belegt) spritzen. Dabei genügend Abstand zwischen den Tupfen lassen. Die Anislaiberl anschließend 3–4 Stunden bei Zimmertemperatur trocknen lassen.

4. Den Backofen vorheizen. Ober-/Unterhitze: etwa 160 °C, Heißluft: etwa 140 °C.

5. Die Backbleche nacheinander (bei Heißluft zusammen) in den vorgeheizten Backofen schieben. Die Anislaiberl **12–14 Minuten je Backblech backen**.

6. Die Anislaiberl mit dem Backpapier von den Backblechen auf Kuchenroste ziehen und erkalten lassen.

7. Für die Füllung in der Zwischenzeit die Kuvertüre in kleine Stücke hacken. Die Sahne in einen Topf geben und aufkochen. Den Topf von der Kochstelle nehmen und die Kuvertüre darin unter Rühren schmelzen.

8. Die Kuvertüre-Sahne-Masse in einen hohen Rührbecher füllen. Den Pernod hinzufügen. Die Zutaten mit einem Stabmixer aufschlagen. Die Kuvertüre-Sahne abkühlen lassen.

9. Die Kuvertüre-Sahne in einen Gefrierbeutel füllen. Den Beutel fest verschließen und eine Ecke etwa ½ cm dick abschneiden. Die Hälfte der Anislaiberl auf der Rückseite mit jeweils einem Tupfen Füllung bespritzen, mit den restlichen Anislaiberln belegen und leicht andrücken.

Tipp: Die Anislaiberl vor dem Verzehr zugedeckt mindestens 8 Stunden durchziehen lassen.

Pro Stück: E: 1 g, F: 1 g, Kh: 5 g, kJ: 161, kcal: 39, BE: 0,5

Zedernbrot

Wie das duftet …

Etwa 50 Stück

Für den Teig:

2 Eiweiß (Größe M) * 250 g Puderzucker * 1 Pck. Dr. Oetker Vanillin-Zucker * 1 TL Zitronensaft * 1 Pck. Dr. Oetker Finesse Geriebene Zitronenschale * etwa 400 g abgezogene, gem. Mandeln etwas Puderzucker zum Ausrollen

Für den Guss:

150 g Puderzucker * 2–3 EL Zitronensaft

Zubereitungszeit: 45 Minuten, ohne Abkühlzeit * Backzeit: etwa 30 Minuten je Backblech
Haltbarkeit: etwa 2 Wochen in gut schließenden Dosen

1. Den Backofen vorheizen. Ober-/Unterhitze: etwa 130 °C, Heißluft: etwa 110 °C.

2. Für den Teig Eiweiß mit Handrührgerät mit Rührbesen auf höchster Stufe steif schlagen. Der Schnee muss so fest sein, dass ein Messerschnitt sichtbar bleibt. Puderzucker mit Vanillin-Zucker mischen, nach und nach unterschlagen und so lange schlagen, bis der Eischnee stark glänzt. Zitronensaft, -schale und die Hälfte der Mandeln unterrühren. Von den restlichen Mandeln so viel unter die Eischnee-Mandel-Masse kneten, dass der Teig kaum noch klebt.

3. Den Teig auf einer mit Puderzucker bestäubten Arbeitsplatte etwa 1 cm dick ausrollen. Mit Ausstechformen Halbmonde ausstechen. Die Teigreste evtl. wieder zusammenkneten, erneut ausrollen und weitere Halbmonde ausstechen – so lange, bis der Teig aufgebraucht ist.

4. Die Halbmonde auf Backbleche (mit Backpapier belegt) legen. Die Backbleche nacheinander (bei Heißluft zusammen) in den vorgeheizten Backofen schieben. Das Zedernbrot **etwa 30 Minuten je Backblech backen**.

5. Das Zedernbrot mit dem Backpapier von den Backblechen auf Kuchenroste ziehen und erkalten lassen.

6. Für den Guss Puderzucker mit Zitronensaft zu einem dickflüssigen, streichfähigen Guss verrühren. Das Zedernbrot mit einem breiten Messer damit bestreichen. Den Guss fest werden lassen.

Tipp: Zum Ausrollen können Sie statt des Puderzuckers auch die restlichen Mandeln verwenden.

Pro Stück: E: 2 g, F: 4 g, Kh: 9 g, kJ: 336, kcal: 80, BE: 0,5

GOD
JUL
24

Russisch Brot

Das begeistert Kinder

Etwa 45 Stück

Für die Eischneemasse:

2 Eiweiß (Größe M) * 1 Prise Salz * 120 g Puderzucker * 80 g Weizenmehl * 2 EL gesiebtes Kakaopulver evtl. 2 EL Schokoladenstreusel zum Bestreuen * evtl. Lebensmittelspray in Gold

Zubereitungszeit: 50 Minuten, ohne Trockenzeit * Backzeit: 10–12 Minuten je Backblech
Haltbarkeit: etwa 4 Wochen in gut schließenden Dosen

1. Für die Eischneemasse Eiweiß mit Salz mit Handrührgerät mit Rührbesen auf höchster Stufe steif schlagen. Der Schnee muss so fest sein, dass ein Messerschnitt sichtbar bleibt. Nach und nach den Puderzucker unterschlagen und so lange schlagen, bis der Eischnee stark glänzt.

2. Das Mehl mit dem Kakao mischen, auf die Eischneemasse geben und mit einem Teigschaber vorsichtig unterheben.

3. Die Eischneemasse in einen Spritzbeutel mit Lochtülle (Ø etwa 1 cm) füllen und Buchstaben und/oder Zahlen (etwa 5 cm hoch) auf Backbleche (gefettet, mit Backpapier belegt) spritzen. Das Russisch Brot nach Belieben mit Schokoladenstreuseln bestreuen und etwa 1 Stunde bei Zimmertemperatur trocknen lassen.

4. Den Backofen vorheizen. Ober-/Unterhitze: etwa 160 °C, Heißluft etwa 140 °C.

5. Die Backbleche nacheinander (bei Heißluft zusammen) in den vorgeheizten Backofen schieben. Russisch Brot **10–12 Minuten je Backblech backen**.

6. Das Russisch Brot mit dem Backpapier von den Backblechen auf Kuchenroste ziehen und erkalten lassen.

7. Nach Belieben das erkaltete Russisch Brot aus etwa 15 cm Entfernung mit goldenem Lebensmittelspray besprühen.

Pro Stück: E: 0 g, F: 0 g, Kh: 4 g, kJ: 82, kcal: 20, BE: 0,5

Baiserherzen

Hauchzart & zuckersüß

Etwa 25 Stück

Für das Baiser:

3 Eiweiß (Größe M) * 1 Prise Salz * 150 g Zucker * 40 g Puderzucker * 1 Pck. Dr. Oetker Vanillin-Zucker * 10 g Speisestärke * einige Tropfen gelbe und rote Speisefarbe * 1 EL große, silberne Zuckerperlen * 1 EL kleine, silberne Zuckerperlen

Zubereitungszeit: 35 Minuten, ohne Ruhe- und Abkühlzeit * Trockenzeit: 1 ½ Stunden je Backblech
Haltbarkeit: etwa 4 Wochen in gut schließenden Dosen

1. Für die Baisermasse Eiweiß mit Salz mit Handrührgerät mit Rührbesen auf höchster Stufe steif schlagen. Der Schnee muss so fest sein, dass ein Messerschnitt sichtbar bleibt. Nach und nach den Zucker unterschlagen und so lange schlagen, bis der Eischnee stark glänzt.

2. Puderzucker mit Vanillin-Zucker mischen und kurz unterschlagen. Zuletzt die Speisestärke ebenfalls kurz unterschlagen. Die Baisermasse in 3 Portionen teilen.

3. Eine Baiserportion mit gelber und eine mit roter Speisefarbe färben. Dazu jeweils einige Tropfen Speisefarbe mit einem Teigschaber vorsichtig unter die jeweilige Baisermasse ziehen.

4. Den Backofen vorheizen. Ober-/Unterhitze: etwa 90 °C, Heißluft: etwa 80 °C.

5. Jeweils eine Portion Baisermasse in einen Spritzbeutel mit Sterntülle (Ø etwa 1 cm) füllen. Die Baisermasse als Herzen (Ø 7–8 cm) auf Backbleche (gefettet, mit Backpapier belegt) spritzen. Die Baiserherzen mit den Zuckerperlen bestreuen.

6. Die Backbleche nacheinander (bei Heißluft zusammen) in den vorgeheizten Backofen schieben. Die Baiserherzen **etwa 1 ½ Stunden je Backblech trocknen lassen**.

7. Die Baiserherzen mit dem Backpapier von den Backblechen auf Kuchenroste ziehen und erkalten lassen.

Tipp: Sie können sich mithilfe einer Herz-Ausstechform (Ø 7–8 cm) Herzen auf die Rückseite des Backpapiers als Schablonen vorzeichnen. So lassen sich die Herzen später gleichmäßiger aufspritzen.

Pro Stück: E: 0 g, F: 0 g, Kh: 10 g, kJ: 168, kcal: 40, BE: 1,0

Tipps: Die Busserl nach Belieben mit aufgelöster Zartbitter-Schokolade besprenkeln. Die Eischneehäufchen auf Backoblaten (Ø etwa 5 cm) setzen und dann backen. Garnieren Sie die Busserl vor dem Backen mit je einem Haselnusskern.

Busserl

Luftig-leichte Versuchung

Etwa 50 Stück

Zum Vorbereiten:

150 g gem. Haselnusskerne * 100 g Zartbitter-Schokolade (mind. 50 % Kakaoanteil) oder 200 g Kokos

Für die Eischneemasse:

3 Eiweiß (Größe M) * 120 g Puderzucker * 1 Pck. Dr. Oetker Bourbon-Vanille-Zucker

Zubereitungszeit: 30 Minuten * Backzeit: 25–30 Minuten je Backblech

Haltbarkeit: etwa 2 Wochen in gut schließenden Dosen

oder 250 Nuß

1. Zum Vorbereiten die Haselnusskerne in einer Pfanne ohne Fett unter Wenden goldbraun rösten und auf einen Teller geben. Die Schokolade fein reiben.

2. Den Backofen vorheizen. Ober-/Unterhitze: etwa 140 °C, Heißluft: etwa 120 °C.

3. Für die Eischneemasse Eiweiß mit Handrührgerät mit Rührbesen auf höchster Stufe steif schlagen. Der Schnee muss so fest sein, dass ein Messerschnitt sichtbar bleibt. Nach und nach Puderzucker mit Vanille-Zucker unterschlagen und so lange schlagen, bis der Eischnee stark glänzt. Die vorbereiteten Haselnusskerne und die Schokolade vorsichtig unterheben.

4. Die Eischneemasse mit 2 Teelöffeln in walnussgroßen Häufchen auf Backbleche (gefettet, mit Backpapier belegt) setzen. Dabei genügend Abstand zwischen den Eischneehäufchen lassen.

5. Die Backbleche nacheinander (bei Heißluft zusammen) in den vorgeheizten Backofen schieben. Die Busserl **25–30 Minuten je Backblech backen**.

6. Die Busserl mit dem Backpapier von den Backblechen auf Kuchenroste ziehen und erkalten lassen.

Pro Stück: E: 1 g, F: 3 g, Kh: 4 g, kJ: 169, kcal: 40, BE: 0,5

Sanddorn-Schnitten

Zum Wegknuspern

Etwa 64 Stück

Für die Eischneemasse:

2 Eiweiß (Größe M) * 160 g feinkörniger Zucker * 1 EL Zitronensaft * 1 Pck. Dr. Oetker Bourbon-Vanille-Zucker * 200 g abgezogene, gem. Mandeln * 3 EL Sanddornmark * 4 viereckige Oblaten (je 10 x 16 cm)

Zubereitungszeit: 25 Minuten, ohne Trockenzeit * Trocken- bzw. Backzeit: 25–30 Minuten

Haltbarkeit: etwa 2 Wochen in gut schließenden Dosen

1. Für die Eischneemasse Eiweiß mit Handrührgerät mit Rührbesen auf höchster Stufe steif schlagen. Der Schnee muss so fest sein, dass ein Messerschnitt sichtbar bleibt. Nach und nach den Zucker unterschlagen und so lange schlagen, bis der Eischnee stark glänzt.

2. Zitronensaft, Vanille-Zucker, Mandeln und Sanddornmark vorsichtig auf niedrigster Stufe unterrühren.

3. Die Oblaten etwa fingerdick mit der Eischneemasse bestreichen. Die Oblatenschnitten etwa 10 Stunden, am besten über Nacht, trocknen lassen.

4. Den Backofen vorheizen. Ober-/Unterhitze: 140 °C, Heißluft: 120 °C.

5. Jede Oblatenschnitte mit einem nassen Sägemesser zunächst einmal längs und dann 8-mal quer in Streifen schneiden, sodass aus jeder Oblatenschnitte 16 kleine Schnitten entstehen.

6. Die Schnitten auf ein Backblech (mit Backpapier belegt) legen. Das Backblech in den vorgeheizten Backofen schieben. Die Sanddorn-Schnitten **25–30 Minuten mehr trocknen als backen**.

7. Die Sanddorn-Schnitten mit dem Backpapier von den Backblechen auf Kuchenroste ziehen und erkalten lassen.

Tipp: Zum Verzieren 2 Esslöffel Sanddornmark glatt rühren, in einen Gefrierbeutel füllen und eine kleine Spitze abschneiden. Die Schnitten vor dem Backen mit dem Sanddornmark besprenkeln.

Pro Stück: E: 1 g, F: 2 g, Kh: 3 g, kJ: 129, kcal: 31, BE: 0,5

Apfel, Nuss und Mandelkern

… mögen nicht nur Kinder gern.
In dieser Galerie der kleinen Köstlichkeiten vom Lande
locken Plätzchen mit knackigem Biss und fruchtiger Note.
Lauter Lieblingsnaschereien zum Kaffee, zum Tee, für zwischendurch,
zum Verschenken und zur Weihnachtszeit sowieso.

Cranberry-Stangen

Originell & einfach

Etwa 25–30 Stück
Für den Knetteig:
125 g Weizenmehl * ½ gestr. TL Dr. Oetker Backin * 25 g Zucker * 1 Eigelb (Größe M) * 75 g Butter oder Margarine
Für den Belag:
50 g weiche Butter * 25 g Zucker * 1 Pck. Dr. Oetker Vanillin-Zucker * 1 Eiweiß (Größe M) *
100 g abgezogene, gem. Mandeln * 1 TL Weizenmehl * 75 g getrocknete Cranberrys *
50 g gestiftelte Mandeln * 2–3 EL flüssiger Honig

Zubereitungszeit: 40 Minuten, ohne Kühlzeit * Backzeit: etwa 20 Minuten je Backblech
Haltbarkeit: etwa 3 Wochen in gut schließenden Dosen

1. Für den Teig Mehl mit Backpulver in einer Rührschüssel mischen. Restliche Zutaten hinzufügen und mit Handrührgerät mit Knethaken zunächst kurz auf niedrigster, dann auf höchster Stufe gut durcharbeiten. Anschließend auf einer leicht bemehlten Arbeitsfläche kurz zu einem Teig verkneten. Sollte er kleben, ihn in Frischhaltefolie gewickelt eine Zeit lang in den Kühlschrank legen.

2. Den Teig auf der leicht bemehlten Arbeitsfläche zu einem Quadrat (24 x 24 cm) ausrollen. Das Teigquadrat in 3 Streifen (je 8 x 24 cm) schneiden. Die Teigstreifen mit etwas Abstand auf Backbleche (gefettet, mit Backpapier belegt) legen.

3. Den Backofen vorheizen. Ober-/Unterhitze: etwa 180 °C, Heißluft: etwa 160 °C.

4. Für den Belag Butter mit Zucker und Vanillin-Zucker mit Handrührgerät mit Rührbesen schaumig rühren. Das Eiweiß kurz unterrühren. Die gemahlenen Mandeln mit dem Mehl mischen und ebenfalls kurz unterrühren.

5. Die Masse in einen Spritzbeutel mit kleiner Sterntülle füllen. Die Masse an den Rändern und in der Mitte jedes Teigstreifens in Längsstreifen aufspritzen.

6. Die Cranberrys mit den gestiftelten Mandeln und dem Honig verrühren. Die Masse mit einem Teelöffel in den Zwischenräumen der gespritzten Masse verteilen. Die Backbleche nacheinander (bei Heißluft zusammen) in den vorgeheizten Backofen schieben. Die Cranberry-Stangen **etwa 20 Minuten je Backblech backen**.

7. Die Cranberry-Stangen mit dem Backpapier von den Backblechen auf Kuchenroste ziehen und erkalten lassen. Anschließend die Cranberry-Stangen mit einem Sägemesser in etwa 3 cm breite Stangen schneiden.

Pro Stück: E: 2 g, F: 7 g, Kh: 10 g, kJ: 458, kcal: 109, BE: 1,0

Kirsch-Krokant-Quadrate

Weihnachtlich & fruchtig

Etwa 32 Stück

Für den Knetteig:

100 g Weizenmehl * ½ gestr. TL Dr. Oetker Backin * 75 g Butter oder Margarine * 75 g Zucker * 1 gestr. TL Spekulatiusgewürz * 100 g abgezogene, gem. Mandeln * 2 EL Milch

Zum Bestreichen:

3 EL Kirschgelee

Für den Krokantbelag:

100 g getrocknete Kirschen (entsteint, gesüßt) * 100 g Butter * 100 g Zucker * 40 g flüssiger Honig * 100 g Schlagsahne (mind. 30 % Fett) * 200 g gestiftelte Mandeln

Zubereitungszeit: 40 Minuten, ohne Kühlzeit * Backzeit: Gebäckplatte 10–15 Minuten, Krokant etwa 10 Minuten
Haltbarkeit: etwa 1 Woche in gut schließenden Dosen

1. Für den Teig Mehl mit Backpulver in einer Rührschüssel mischen. Restliche Zutaten hinzufügen und mit Handrührgerät mit Knethaken zunächst kurz auf niedrigster, dann auf höchster Stufe gut durcharbeiten. Anschließend auf einer leicht bemehlten Arbeitsfläche kurz zu einem Teig verkneten. Den Teig in Frischhaltefolie gewickelt etwa 30 Minuten in den Kühlschrank legen.

2. Den Backofen vorheizen. Ober-/Unterhitze: etwa 180 °C, Heißluft: etwa 160 °C.

3. Den Teig auf einem Backblech (gefettet) in der Größe von etwa 20 x 40 cm ausrollen. Den Teigboden mehrmals mit einer Gabel einstechen. Das Backblech in den vorgeheizten Backofen schieben. Die Gebäckplatte **10–15 Minuten backen**.

4. Das Backblech auf einen Kuchenrost stellen. Die Gebäckplatte sofort vom Backblech lösen, aber darauf erkalten lassen.

5. Zum Bestreichen das Gelee in einem kleinen Topf erhitzen. Die Gebäckplatte damit bestreichen.

6. Für den Krokantbelag die Kirschen grob hacken. Butter, Zucker und Honig in einer Pfanne so lange unter Rühren erhitzen, bis die Masse leicht gebräunt ist. Die Sahne hinzugießen. So lange rühren, bis sich der Zucker gelöst hat.

7. Die Mandeln und die Kirschstückchen hinzugeben. Die Zutaten unter Rühren kurz aufkochen lassen, bis eine gebundene Masse entstanden ist. Einen Backrahmen (etwa 20 x 40 cm) auf ein Backblech (mit Backpapier belegt) stellen. Die Krokantmasse hineingeben und glatt streichen. Das Backblech in den vorgeheizten Backofen schieben. Die Krokantmasse bei gleicher Backofentemperatur in **etwa 10 Minuten goldbraun backen**.

8. Das Backblech auf einen Kuchenrost stellen. Die Krokantmasse auf dem Backblech erkalten lassen. Den Backrahmen lösen und entfernen.

9. Die Gebäck- und die Krokantplatte jeweils in Quadrate (je etwa 5 x 5 cm) schneiden. Die Krokantquadrate auf die mit Gelee bestrichenen Gebäckquadrate legen und leicht andrücken.

Pro Stück: E: 2 g, F: 11 g, Kh: 14 g, kJ: 680, kcal: 162, BE: 1,0

Spritzgebäck mit Kokosnuss

Schmeckt nicht nur zur Weihnachtszeit

Etwa 200 Stück

Für den Teig:

625 g weiche Butter * 500 g Zucker * 2 Pck. Dr. Oetker Vanillin-Zucker * 2 Eier (Größe M) * 1 gestr. TL Salz * 1 kg Weizenmehl * 2 Pck. Dr. Oetker Backin * 125 g Kokosraspel

Zubereitungszeit: 60 Minuten, ohne Kühlzeit * Backzeit: etwa 11 Minuten je Backblech
Haltbarkeit: etwa 3 Wochen in gut schließenden Dosen

1. Für den Teig Butter in einer großen Rührschüssel mit Handrührgerät mit Rührbesen auf höchster Stufe geschmeidig rühren. Nach und nach Zucker, Vanillin-Zucker, Eier und Salz unterrühren. So lange rühren, bis eine gebundene Masse entstanden ist.

2. Mehl mit Backpulver mischen, zwei Drittel davon portionsweise auf mittlerer Stufe unterrühren. Restliches Mehlgemisch und die Kokosraspel mit Handrührgerät mit Knethaken auf mittlerer Stufe unterarbeiten. Den Teig in Frischhaltefolie gewickelt über Nacht in den Kühlschrank legen.

3. Den Backofen vorheizen. Ober-/Unterhitze: etwa 180 °C, Heißluft: etwa 160 °C.

4. Den Teig in Portionen teilen. Die Teigportionen durch einen Fleischwolf mit Spezialvorsatz drücken, in Stücke von beliebiger Länge schneiden und als Stangen, Kränze und in weiteren beliebigen Formen auf Backbleche (gefettet, mit Backpapier belegt) legen.

5. Die Backbleche nacheinander (bei Heißluft 3 Backbleche zusammen) in den vorgeheizten Backofen schieben. Das Spritzgebäck **etwa 11 Minuten je Backblech backen**.

6. Das Spritzgebäck mit dem Backpapier von den Backblechen auf Kuchenroste ziehen und erkalten lassen.

Tipps: Für dunkles Spritzgebäck ein Drittel des Teiges mit einer Mischung aus 20 g gesiebtem Kakaopulver und 20 g Zucker verkneten.
Tauchen Sie die Enden des Spritzgebäcks in geschmolzene Schokolade.
Für ein Spritzgebäck mit Haselnusskernen 800 g Weizenmehl und 200 g gemahlene Haselnusskerne verwenden.
Sie können das Rezept problemlos halbieren.

Pro Stück: E: 1 g, F: 3 g, Kh: 6 g, kJ: 232, kcal: 55, BE: 0,5

Apfelplätzchen

Verführerisch fruchtig

Etwa 50 Stück

Für den Hefeteig:

500 g Weizenmehl * 200 g Zucker * 1 Pck. Dr. Oetker Trockenbackhefe * 100 ml lauwarmes Wasser * 1 Prise Salz * 2 Eigelb (Größe M) * 270 g weiche Butter oder Margarine * etwas Weizenmehl

Für die Füllung:

1 säuerlicher Apfel (etwa 150 g) * 50 g getrocknete Apfelringe * ½ Pck. Dr. Oetker Finesse Geriebene Zitronenschale * 120 g Apfel- oder Quittengelee * 70 g Butter

Für den Guss:

40 g Butter * 140 g Puderzucker * 2 EL Zitronensaft * etwas grüne und rote Speisefarbe

Zum Bestäuben:

etwas Puderzucker

Zubereitungszeit: 1½ Stunden, ohne Teiggeh- und Kühlzeit * Backzeit: etwa 12 Minuten je Backblech
Haltbarkeit: etwa 1 Woche in gut schließenden Dosen

1. Für den Teig 100 g Mehl mit 50 g Zucker und Trockenbackhefe mischen, Wasser hinzugeben. Die Zutaten verrühren. Den Vorteig zugedeckt an einem warmen Ort etwa 45 Minuten gehen lassen.

2. Restliches Mehl, restlichen Zucker sowie Salz, Eigelb und Butter oder Margarine zum Vorteig geben und mit Handrührgerät mit Knethaken zunächst kurz auf niedrigster, dann auf höchster Stufe gut durcharbeiten. Den Teig auf einer leicht bemehlten Arbeitsfläche etwa 5 Minuten gut verkneten. Den Teig in Frischhaltefolie gewickelt mindestens 2 Stunden in den Kühlschrank legen.

3. Den Backofen vorheizen. Ober-/Unterhitze: etwa 180 °C, Heißluft: etwa 160 °C.

4. Den Teig auf der leicht bemehlten Arbeitsfläche nochmals kurz durchkneten, dann portionsweise etwa 2 mm dick ausrollen. Mit einer Ausstechform (Ø etwa 6 cm) Äpfel ausstechen und auf Backbleche (gefettet, mit Backpapier belegt) legen. Die Teigreste zu weiteren Äpfeln verarbeiten.

5. Die Backbleche nacheinander (bei Heißluft zusammen) in den vorgeheizten Backofen schieben. Plätzchen **etwa 12 Minuten je Backblech backen**, mit dem Backpapier von den Backblechen auf Kuchenroste ziehen, erkalten lassen.

6. Für die Füllung Apfel schälen und fein raspeln. Apfelringe fein hacken, mit Apfelraspeln, Zitronenschale und Gelee unter Rühren in etwa 5 Minuten zu einer dicken Masse kochen, etwas abkühlen lassen. Mit der Butter pürieren. Die Hälfte der Plätzchen auf der Unterseite mit der Apfelmasse bestreichen. Die restlichen Plätzchen darauflegen und leicht andrücken.

7. Für den Guss Butter zerlassen. Puderzucker mit Zitronensaft und flüssiger Butter glatt rühren. Ein Viertel grün färben, in einen Gefrierbeutel füllen. Den Beutel verschließen, eine kleine Ecke abschneiden. Jeweils ein Blatt und einen Stiel auf die Plätzchen spritzen. Restlichen Guss rot färben und als Wangen auf die Plätzchen streichen. Guss fest werden lassen, mit etwas Puderzucker bestäuben.

Pro Stück: E: 1 g, F: 7 g, Kh: 17 g, kJ: 560, kcal: 140, BE: 1,4

Sonnenblumen-Kürbiskern-Knusperchen

Die knuspern und knacken

Etwa 48 Stück

Für die Körnermasse:

40 g Butter * 1 Bio-Zitrone (unbehandelt, ungewachst) * 170 g Sonnenblumenkerne * 100 g Kürbiskerne * 120 g Zucker * 20 g Weizenmehl * 1 Eigelb (Größe M)

Zubereitungszeit: 20 Minuten, ohne Abkühlzeit * Backzeit: etwa 12 Minuten
Haltbarkeit: etwa 2 Wochen in gut schließenden Dosen

1. Für die Körnermasse die Butter zerlassen und abkühlen lassen. Zitrone heiß abwaschen, abtrocknen und die Schale fein abreiben. Die Zitrone halbieren und den Saft auspressen.

2. Den Backofen vorheizen. Ober-/Unterhitze: etwa 200 °C, Heißluft: etwa 180 °C.

3. Sonnenblumenkerne mit Kürbiskernen, Zitronenschale, Zucker und Mehl mischen. Die zerlassene Butter, 2–3 Esslöffel Zitronensaft und das Eigelb unterrühren.

4. Die Körnermasse auf ein Backblech (30 x 40 cm, gefettet, mit Backpapier belegt) geben und mit einem Löffel gleichmäßig verstreichen.

5. Das Backblech in den vorgeheizten Backofen schieben. Die Körnerplatte **etwa 12 Minuten backen**.

6. Das Backblech auf einen Kuchenrost stellen. Die Körnerplatte etwas abkühlen lassen, anschließend noch warm mit einem Sägemesser in Quadrate (etwa 5 x 5 cm) schneiden. Die Sonnenblumen-Kürbiskern-Knusperchen erkalten lassen.

Tipp: Das lauwarme Gebäck mit Raspelschokolade oder gehackter, weißer Schokolade (Foto) bestreuen.

••

Pro Stück: E: 1 g, F: 4 g, Kh: 4 g, kJ: 216, kcal: 52, BE: 0,3

Kürbiskern-Möhren-Häufchen

Kerniger Knuspergenuss

Etwa 45 Stück
Für den Teig:
200 g geschälte Möhren * 200 g Zucker * 1 Prise Salz * 1 Ei (Größe M) * 120 g kernige Haferflocken * 100 g geschälte Kürbiskerne * 80 g gem. Mandeln

Zubereitungszeit: 45 Minuten, ohne Abkühl- und Ruhezeit * Backzeit: etwa 10 Minuten je Backblech
Haltbarkeit: etwa 2 Wochen in gut schließenden Dosen

1. Für den Teig die Möhren auf einer Küchenreibe grob raspeln.

2. In einer Pfanne 3 Esslöffel von dem Zucker bei mittlerer Hitze unter ständigem Rühren goldbraun karamellisieren lassen. Restlichen Zucker nach und nach zugeben und ebenfalls unter ständigem Rühren goldbraun karamellisieren lassen. Die Möhrenraspel in 3 Portionen nacheinander unter die Karamellmasse rühren. Die Zucker-Möhren-Masse köcheln lassen, bis sich der Zucker wieder gelöst hat. Anschließend in eine Schüssel umfüllen und erkalten lassen.

3. Das Salz und das Ei auf die Zucker-Möhren-Masse geben und unterrühren. Haferflocken, Kürbiskerne und Mandeln unter den Möhrenteig heben. Den Teig etwa 20 Minuten ruhen lassen.

4. Den Backofen vorheizen. Ober-/Unterhitze: etwa 180 °C, Heißluft: etwa 160 °C.

5. Den Möhrenteig mit 2 Teelöffeln in Häufchen auf Backbleche (gefettet, mit Backpapier belegt) setzen. Die Backbleche nacheinander (bei Heißluft zusammen) in den vorgeheizten Backofen schieben. Die Kürbiskern-Möhren-Häufchen **etwa 10 Minuten je Backblech backen**.

6. Die Kürbiskern-Möhren-Häufchen mit dem Backpapier von den Backblechen auf Kuchenroste ziehen und erkalten lassen.

Tipp: Sie können die Kürbiskerne durch die gleiche Menge Sonnenblumenkerne, gehobelte Mandeln oder gehobelte Haselnusskerne ersetzen.

Pro Stück: E: 1 g, F: 2 g, Kh: 7 g, kJ: 221, kcal: 53, BE: 0,5

Weihnachtsschmuck

Fast zu schön zum Vernaschen

Etwa 24 Stück

Für den Knetteig:

250 g Weizenmehl * 100 g gem. Haselnusskerne * ½ TL gem. Zimt * 100 g Zucker * 1 Prise Salz * 200 g Butter * ½ Ei (Größe M)

Zum Garnieren:

½ Ei (Größe M) * 3–4 EL Milch * 50 g Belegkirschen * 50 g abgezogene, halbierte Mandeln * 20 g Pistazien * 20 g gehackte Haselnusskerne

Zubereitungszeit: 60 Minuten, ohne Kühlzeit * Backzeit: etwa 10 Minuten je Backblech
Haltbarkeit: etwa 4 Wochen in gut schließenden Dosen

1. Für den Teig Mehl mit Haselnusskernen und Zimt in einer Rührschüssel mischen. Restliche Zutaten hinzufügen und mit Handrührgerät mit Knethaken zunächst kurz auf niedrigster, dann auf höchster Stufe gut durcharbeiten. Anschließend auf einer leicht bemehlten Arbeitsfläche kurz zu einem Teig verkneten. Den Teig in Frischhaltefolie gewickelt 1–2 Stunden in den Kühlschrank legen.

2. Den Backofen vorheizen. Ober-/Unterhitze: etwa 180 °C, Heißluft etwa 160 °C.

3. Den Teig kurz durchkneten und auf der leicht bemehlten Arbeitsfläche etwa ½ cm dick ausrollen. Mit Ausstechformen beliebige Motive (Ø etwa 7 cm) ausstechen. Aus jedem Plätzchen mit einer Lochtülle (Ø etwa ½ cm) ein Loch zum Aufhängen stechen.

4. Die Teigreste wieder zusammenkneten, erneut ausrollen und weitere Motive ausstechen – so oft, bis der Teig aufgebraucht ist. Die Plätzchen auf Backbleche (gefettet, mit Backpapier belegt) legen. Dabei genügend Abstand zwischen den Plätzchen lassen.

5. Zum Garnieren das halbe Ei mit der Milch verschlagen. Die Plätzchen mit der Eiermilch bestreichen und mit Belegkirschen, Mandeln, Pistazien und Haselnusskernen belegen.

6. Die Backbleche nacheinander (bei Heißluft zusammen) in den vorgeheizten Backofen schieben. Die Plätzchen **etwa 10 Minuten je Backblech backen**.

7. Die Plätzchen mit dem Backpapier von den Backblechen auf Kuchenroste ziehen und erkalten lassen.

Pro Stück: E: 3 g, F: 12 g, Kh: 15 g, kJ: 741, kcal: 177, BE: 1,0

JAPAN
CLASSIC

Jumbo-Hafer-Nuss-Taler

Mit einer Tasse grünem Tee genießen

Etwa 14 Stück

Zum Vorbereiten:

50 g Cashewkerne * 50 g ganze Haselnusskerne * 50 g ganze Mandeln

Für den Teig:

125 g weiche Butter * 1 TL gem. Ingwer * 150 g Zucker * 1 Pck. Dr. Oetker Bourbon-Vanille-Zucker * 2 Eier (Größe S) oder 1 ½ Eier (Größe M) * 100 g Weizenmehl * 50 g Vollkorn-Weizenmehl * ½ gestr. TL Salz * 1 TL Natron * 150 g zarte Haferflocken

Zubereitungszeit: 30 Minuten * Backzeit: 13–15 Minuten je Backblech
Haltbarkeit: etwa 3 Wochen in gut schließenden Dosen

1. Zum Vorbereiten Cashewkerne, Haselnusskerne und Mandeln in kleine Stückchen hacken.

2. Den Backofen vorheizen. Ober-/Unterhitze: etwa 180 °C, Heißluft: etwa 160 °C.

3. Für den Teig Butter, Ingwer, Zucker und Vanille-Zucker in einer Rührschüssel mit Handrührgerät mit Rührbesen in 6–8 Minuten weiß-schaumig schlagen. Die Eier unterrühren und den Teig noch weitere 2 Minuten schlagen.

4. Beide Mehlsorten mit Salz und Natron mischen, auf den Butter-Eier-Schaum geben und mit einem Löffel unterrühren. Cashewkerne mit Haselnusskernen, Mandeln und Haferflocken mischen und unter den Teig heben.

5. Aus dem Teig mit einem Esslöffel 14 gleich große Häufchen auf Backbleche (gefettet, mit Backpapier belegt) setzen. Dabei viel Abstand zwischen den Häufchen lassen. Die Teighäufchen mit einem Esslöffel flach drücken und evtl. etwas nachformen.

6. Die Backbleche nacheinander (bei Heißluft zusammen) in den vorgeheizten Backofen schieben. Die Hafer-Nuss-Taler **13–15 Minuten je Backblech backen**.

7. Die Hafer-Nuss-Taler mit dem Backpapier von den Backblechen auf Kuchenroste ziehen und erkalten lassen.

Pro Stück: E: 5 g, F: 15 g, Kh: 27 g, kJ: 1100, kcal: 263, BE: 2,0

Walnuss-Streusel-Taler

Herrlich knusprig

Etwa 25 Stück
Zum Vorbereiten:
100 g Walnusskerne
Für den Streuselteig:
300 g Weizenmehl * 1 gestr. TL Dr. Oetker Backin * 250 g kalte Butter * 200 g brauner Zucker * 100 g weißer Zucker * 1 Pck. Dr. Oetker Bourbon-Vanille-Zucker * 1 Prise Salz * 2 Eigelb (Größe M) * 100 g kernige Haferflocken ~~* 2 gestr. TL gem. Kardamom~~
1 TL Zimt

Zubereitungszeit: 25 Minuten * Backzeit: etwa 20 Minuten je Backblech
Haltbarkeit: etwa 3 Wochen in gut schließenden Dosen

1. Zum Vorbereiten die Walnusskerne grob hacken.

2. Den Backofen vorheizen. Ober-/Unterhitze: etwa 180 °C, Heißluft: etwa 160 °C.

3. Für den Teig Mehl mit Backpulver in einer Rührschüssel mischen. Butter in kleine Würfel schneiden und hinzufügen. Beide Zuckersorten, Vanille-Zucker, Salz, Eigelb, Walnusskerne, Haferflocken und Kardamom ebenfalls hinzufügen. Die Zutaten mit Handrührgerät mit Knethaken zunächst kurz auf niedrigster, dann auf höchster Stufe zu groben Streuseln verarbeiten.

4. Eine runde Ausstechform (Ø 7 cm) auf ein Backblech (gefettet, mit Backpapier belegt) stellen. 1–2 gehäufte Esslöffel Streuselteig hineingeben und nur leicht festdrücken. Die Ausstechform abheben. Aus dem restlichen Streuselteig auf die gleiche Weise Streuseltaler formen, dafür evtl. noch ein zweites Backblech verwenden.

5. Die Backbleche nacheinander (bei Heißluft zusammen) in den vorgeheizten Backofen schieben. Die Walnuss-Streusel-Taler **etwa 20 Minuten je Backblech backen**.

6. Die Walnuss-Streusel-Taler mit dem Backpapier von den Backblechen auf Kuchenroste ziehen und erkalten lassen.

Tipp: Eine fruchtige Note bekommen die Streuseltaler, wenn Sie noch 50 g getrocknete Cranberrys unter den Teig mischen.

Pro Stück: E: 3 g, F: 12 g, Kh: 23 g, kJ: 881, kcal: 210, BE: 1,9

Knuspertannen

Für einen weißen Märchenwald

Etwa 15 Stück
Zum Vorbereiten:
Backpapier * 1 kg Zucker
Für die Knuspertannen:
50 g Butter * 50 g Zucker * 60 g Kokosraspel * 200 g Knusper-Früchte-Müsli mit weniger Zucker * 400 g weiße Kuvertüre * 2 EL Puderzucker zum Bestäuben

Zubereitungszeit: 50 Minuten, ohne Kühlzeit
Haltbarkeit: etwa 3 Wochen in gut schließenden Dosen

1. Zum Vorbereiten für die Tannenformen 15 Bögen (je 19 x 19 cm) aus Backpapier zuschneiden. Die Bögen jeweils zu spitz zulaufenden Tüten formen. Dabei müssen die Spitzen möglichst dicht geschlossen sein. Die Tüten mit einem Tacker fest zusammentackern. Die Spitzen ganz leicht umknicken. Die Tüten aufrecht in eine mit Zucker gefüllte Schüssel stellen, sodass sie nicht umfallen können.

2. Für die Knuspertannen die Butter in einer Pfanne bei mittlerer Hitze zerlassen. Zucker, Kokosraspel und Müsli hinzufügen und unter ständigem Rühren zartbraun rösten. Die Müslimischung auf einem Tablett oder Backblech (mit Backpapier belegt) verteilen und erkalten lassen.

3. Die Kuvertüre fein hacken und in einem Topf im Wasserbad bei schwacher Hitze unter Rühren schmelzen. Die Müslimischung unterrühren. Die Schokoladenmasse mit einem Teelöffel vorsichtig in die Papiertütchen füllen. Dabei die Schokoladenmasse evtl. vorsichtig mit einem Löffelstiel bis in die Tütenspitze drücken.

4. Die Schüssel mit den Knuspertannen etwa 30 Minuten in den Kühlschrank stellen. Dann die Knuspertannen vorsichtig aus den Tütchen wickeln.

5. Die Knuspertannen mit Puderzucker bestäuben und dekorativ, zum Beispiel als Märchenwald, anrichten.

Tipp: Für leckere Knusperpralinen können Sie die Schokoladenmasse auch in kleine Silikonförmchen geben und diese wie beschrieben in den Kühlschrank stellen.

Pro Stück: E: 3 g, F: 17 g, Kh: 27 g, kJ: 1151, kcal: 275, BE: 2,5

Haferflocken-Rosinen-Kekse

Schnell gemacht

Etwa 16 Stück

Zum Vorbereiten:

100 g Rosinen

Für den Teig:

250 g weiche Butter * 150 g brauner Zucker * 80 g weißer Zucker * 1 Pck. Dr. Oetker Bourbon-Vanille-Zucker * 1 gestr. TL gem. Zimt * 2 Eier (Größe M) * 180 g Weizenmehl * ½ gestr. TL Dr. Oetker Backin * 150 g zarte Haferflocken

Zubereitungszeit: 25 Minuten, ohne Einweichzeit * Backzeit: 13–15 Minuten je Backblech
Haltbarkeit: etwa 3 Wochen in gut schließenden Dosen

1. Die Rosinen in eine kleine Schüssel geben und mit warmem Wasser auffüllen. Die Rosinen etwa 10 Minuten einweichen lassen.

2. Den Backofen vorheizen. Ober-/Unterhitze: etwa 180 °C, Heißluft: etwa 160 °C.

3. Die Butter in einer Rührschüssel mit Handrührgerät mit Rührbesen auf höchster Stufe in etwa 2 Minuten schaumig schlagen. Beide Zuckersorten mit Vanille-Zucker und Zimt mischen. Die Zucker-Zimt-Mischung zu der Butter geben. Die Zutaten noch etwa 2 Minuten schlagen.

4. Die Eier nach und nach unterrühren. Die Rosinen gut abtropfen lassen und kurz unterrühren.

5. Mehl mit Backpulver und Haferflocken mischen. Das Mehl-Haferflocken-Gemisch in 2 Portionen auf mittlerer Stufe kurz unter die Buttermischung rühren.

6. Den Teig in aprikosengroßen Häufchen auf Backbleche (gefettet, mit Backpapier belegt) setzen. Dabei viel Abstand zwischen den Teighäufchen lassen. Die Backbleche nacheinander (bei Heißluft zusammen) in den vorgeheizten Backofen schieben. Die Haferflocken-Rosinen-Kekse **13–15 Minuten je Backblech backen**.

7. Die Haferflocken-Rosinen-Kekse mit dem Backpapier von den Backblechen auf Kuchenroste ziehen und erkalten lassen.

Tipp: Wenn Sie es ein bisschen abwechslungsreicher mögen, tauschen Sie die Rosinen gegen getrocknete Cranberrys oder getrocknete Sauerkirschen aus.

Pro Stück: E: 3 g, F: 15 g, Kh: 32 g, kJ: 1157, kcal: 276, BE: 2,7

Zitronenherzen

Nicht nur zur Weihnachtszeit

Etwa 100 Stück
Für den Knetteig:
250 g Weizenmehl * 1 Msp. Dr. Oetker Backin * 100 g Puderzucker *
1 Pck. Dr. Oetker Finesse Geriebene Zitronenschale * 150 g Butter oder Margarine * 1 Eiweiß (Größe M)
Zum Bestreichen und Bestreuen:
1 Eigelb (Größe M) * 1 EL kaltes Wasser * 2 EL Hagelzucker
Für den Guss:
150 g Puderzucker * 2–3 EL Zitronensaft

Zubereitungszeit: etwa 45 Minuten, ohne Kühlzeit * Backzeit: etwa 10 Minuten je Backblech
Haltbarkeit: 2–3 Wochen in gut schließenden Dosen

1. Für den Teig Mehl mit Backpulver und Puderzucker in einer Rührschüssel mischen. Restliche Zutaten hinzufügen und mit Handrührgerät mit Knethaken zunächst kurz auf niedrigster, dann auf höchster Stufe gut durcharbeiten. Anschließend auf einer leicht bemehlten Arbeitsfläche kurz zu einem Teig verkneten. Den Teig in Frischhaltefolie gewickelt mindestens 2 Stunden in den Kühlschrank legen.

2. Den Backofen vorheizen. Ober-/Unterhitze: etwa 180 °C, Heißluft: etwa 160 °C.

3. Den Teig portionsweise auf der leicht bemehlten Arbeitsfläche etwa 3 mm dick ausrollen. Mit einer Ausstechform Herzen (Ø 4–5 cm) ausstechen. Die Teigreste wieder zusammenkneten, erneut ausrollen und weitere Herzen ausstechen – so oft, bis der Teig aufgebraucht ist. Die Herzen auf Backbleche (gefettet, mit Backpapier belegt) legen.

4. Zum Bestreichen und Bestreuen Eigelb mit Wasser verquirlen. Die Hälfte der Plätzchen damit bestreichen und mit Hagelzucker bestreuen. Die Backbleche nacheinander (bei Heißluft zusammen) in den vorgeheizten Backofen schieben. Die Zitronenherzen **etwa 10 Minuten je Backblech backen**.

5. Die Zitronenherzen mit dem Backpapier von den Backblechen auf Kuchenroste ziehen und erkalten lassen.

6. Für den Guss den Puderzucker mit so viel Zitronensaft verrühren, dass ein dickflüssiger Guss entsteht. Den Guss auf die Plätzchen ohne Hagelzucker streichen und trocknen lassen.

Pro Stück: E: 0 g, F: 1 g, Kh: 5 g, kJ: 137, kcal: 33, BE: 0,5

Ratgeber – praktische Tipps

Butter

Butter verleiht Plätzchen ein besonders feines Aroma. Nehmen Sie die Butter rechtzeitig aus dem Kühlschrank. Zimmerwarme Butter lässt sich leichter geschmeidig rühren und verteilen.
Verwenden Sie zum Backen keine streichzarte und keine fettreduzierte Butter. Die Plätzchen könnten während des Backens breit laufen. Die Teige unbedingt gut durchkühlen. Es empfiehlt sich auch, die geformten Plätzchen vor dem Backen noch einmal gut durchzukühlen und erst dann im gut vorgeheizten Backofen zu backen.

Plätzchenteig ausrollen

Rollen Sie den Knetteig portionsweise auf einer bemehlten Arbeitsfläche aus. Verwenden Sie so wenig Mehl wie möglich, da der Teig sonst krümelig und die Plätzchen hart werden. Um eine gleichmäßige Dicke des Teiges zu erzielen, die Teigrolle ebenfalls leicht bemehlen, damit der Teig nicht haftet. Ab und zu sollten Sie mit einem großen Messer unter dem Teig herstreichen und ihn lösen, falls er auf der Arbeitsfläche kleben sollte.

Plätzchen ausstechen

Die Ausstechform wird aufgedrückt. Bei sehr filigranen Formen empfiehlt es sich, diese gelegentlich in Mehl zu tauchen, damit sich die Plätzchen besser lösen. Auch mit einem kleinen Pinsel lassen sich die Plätzchen gut aus der Form lösen.
Achten Sie beim Ausstechen darauf, den Platz gut auszunutzen, sodass möglichst wenig Teig zurückbleibt. Denn durch das erneute Zusammenkneten, Bemehlen und Ausrollen wird der verbleibende Knetteig immer trockener und brüchiger.

Plätzchenteig schneiden

Für sogenannte Rollenkekse den Teig zu Rollen formen. Die Teigrollen in Frischhaltefolie gewickelt unbedingt in den Kühlschrank legen, bis sie gut durchgekühlt sind. So lassen sich die Teigscheiben besser abschneiden, leicht nachformen und laufen beim Backen nicht so sehr auseinander.
Schneller geht es, wenn Sie die Teigrollen zum Kühlen ½–1 Stunde in das Gefrierfach legen.

Plätzchen backen

Wenn Sie Plätzchen bei Heißluft backen, können Sie 2–3 Backbleche auf einmal in den Backofen schieben. Backen Sie mehrere Partien nacheinander, können Sie das Backpapier in Größe des Backblechs vorbereiten, die Plätzchen darauflegen und dann einfach an der flachen Seite auf das nächste freie Backblech ziehen.
Backen Sie mit Ober-/Unterhitze, sind Ihre Plätzchen am besten in der Mitte des Backofens aufgehoben. Ausnahmen sind jedoch möglich. Daher sollten Sie die Herstellerhinweise für Ihren Backofen beachten.
Die Plätzchen sind fertig, wenn ihre Oberfläche zart gebräunt ist und sie sich leicht vom Backpapier lösen lassen. Eiweißgebäck wird im Backofen eher getrocknet als gebacken. Daher benötigen viele Eiweißgebäcke eine lange Zeit im Backofen. Bei niedrigen Backtemperaturen sollten Sie das Gebäck nicht mit Gas backen (trocknen), da Gas bei niedrigen Stufen zu starke Temperaturschwankungen hat.

Plätzchen aufbewahren

Lassen Sie Plätzchen und Makronen auf einem Kuchenrost vollständig erkalten.
Knusprige Plätzchen und Makronen können Sie sofort in gut schließende Dosen legen.
Weiche Plätzchen, zum Beispiel Lebkuchen, in einer Dose mit lose aufgelegtem Deckel aufbewahren, bis sie die gewünschte Konsistenz erreicht haben (etwa 1 Woche). Die Dose erst anschließend fest verschließen.
Um ein Zusammenkleben zu vermeiden, können Sie zwischen die einzelnen Plätzchenlagen Alufolie oder Backpapier legen. Wenn Sie nicht möchten, dass sich die Aromen der Plätzchensorten vermischen, sollten Sie Ihre Plätzchen sortenweise verpacken. Alle Plätzchen müssen kühl und trocken aufbewahrt werden.

Plätzchen mit Zuckerguss verzieren

Rühren Sie Puderzucker nach und nach mit so viel Flüssigkeit glatt, bis ein dickflüssiger Guss entsteht. Den Puderzucker können Sie statt mit Wasser auch mit Tee, Likör, Wein oder Saft anrühren. Farbige Flüssigkeiten wie Rotwein geben dem Zuckerguss nicht nur Aroma, sondern färben ihn in einem zarten Pastell-Ton. Für kräftigere Farben den Zuckerguss mit soviel Speisefarbe einfärben, bis der gewünschte Farbton erreicht ist.
Mit Dekoren aus zweifarbigem Zuckerguss lassen sich besonders schöne Effekte erzielen. Rühren Sie dazu zusätzlich zum dickflüssigen Puderzuckerguss etwas Konfitüre oder Gelee glatt. Füllen Sie das Gelee in einen Gefrierbeutel und schneiden Sie eine kleine Ecke ab. Bestreichen Sie nacheinander die Kekse mit dem weißen Guss. Sofort im Anschluss spritzen Sie einen längliche Streifen Konfitüre-Guss in die Mitte der Kekse und ziehen diesen mit einem Holzstäbchen auseinander.
(vgl. die Pistazienherzen auf Seite 29).

Allgemeine Hinweise und Abkürzungen

Hinweise zu den Rezepten
Lesen Sie bitte vor der Zubereitung – besser noch vor dem Einkaufen – das Rezept einmal vollständig durch. Oft werden Arbeitsabläufe oder -zusammenhänge dann klarer.

Zutatenliste und Arbeitsschritte
Die Zutaten sind in der Reihenfolge ihrer Verarbeitung aufgeführt. Die Arbeitsschritte sind einzeln hervorgehoben, in der Reihenfolge, in der wir sie ausprobiert haben.

Backofeneinstellung
Die in den Rezepten angegebenen Backtemperaturen und -zeiten sind Richtwerte, die je nach individueller Hitzeleistung des Backofens über- oder unterschritten werden können. Die Temperaturangaben in diesem Buch beziehen sich auf Elektrobacköfen. Die Temperatureinstellungsmöglichkeiten variieren je nach Hersteller, sodass wir keine allgemeingültigen Angaben machen können.
Bitte beachten Sie deshalb bei der Einstellung des Backofens die Gebrauchsanweisung des Herstellers und machen Sie nach Beendigung der angegebenen Backzeit eine Garprobe.

Einschubhöhe
Kleingebäck gelingt am besten in der Mitte des Backofens. Abweichungen sind möglich und von der Ausführung Ihres Backofens abhängig. Beachten Sie daher auch die Angaben Ihres Backofenherstellers.

Zubereitungszeiten
Die Zubereitungszeit beinhaltet nur die Zeit für die eigentliche Zubereitung. Längere Wartezeiten wie z. B. Kühlzeiten sind nicht mit einbezogen. Die Backzeiten sind ebenfalls im Rezept angegeben.

Abkürzungen

EL =	Esslöffel
TL =	Teelöffel
Msp. =	Messerspitze
Pck. =	Packung/Päckchen
g =	Gramm
kg =	Kilogramm
ml =	Milliliter
l =	Liter
evtl. =	eventuell
geh. =	gehäuft
gem. =	gemahlen
ger. =	gerieben
gestr. =	gestrichen
TK =	Tiefkühlprodukt
°C =	Grad Celsius
Ø =	Durchmesser

Kalorien-/Nährwertangaben

E =	Eiweiß
F =	Fett
Kh =	Kohlenhydrate
kJ =	Kilojoule
kcal =	Kilokalorien
BE=	Broteinheiten

Bei den Nährwertangaben in den Rezepten handelt es sich um auf- bzw. abgerundete ganze Werte. Lediglich die Broteinheiten werden mit einer Stelle nach dem Komma angegeben.

Aufgrund von ständigen Rohstoffschwankungen und/oder Rezepturveränderungen bei Lebensmitteln, kann es zu Abweichungen kommen. Die Nährwertangaben dienen daher lediglich Ihrer Orientierung und eignen sich nur bedingt für die Berechnung eines Diätplans, zum Beispiel bei Krankheiten wie Diabetes.

Bei krankheitsbedingten Diäten richten Sie sich daher bitte nach den Anweisungen Ihres Diätassistenten bzw. Ihres Arztes.

Kapitelregister

Alphabetisches Register

Impressum

Für Fragen, Vorschläge oder Anregungen stehen Ihnen der Verbraucherservice der Dr. Oetker Versuchsküche Telefon: 00800 71 72 73 74 Mo.–Fr. 8:00–18:00 Uhr, Sa. 9:00–15:00 Uhr (gebührenfrei in Deutschland) oder die Mitarbeiter des Dr. Oetker Verlages Telefon: +49 (0) 521 52 06 51 Mo.–Fr. 9:00–15:00 Uhr zur Verfügung. Oder schreiben Sie uns: Dr. Oetker Verlag KG, Am Bach 11, 33602 Bielefeld oder besuchen Sie uns im Internet unter www.oetker-verlag.de oder www.oetker.de.

Umwelthinweis
Dieses Buch und der Einband wurden auf chlorfrei gebleichtem Papier gedruckt. Die Einschrumpffolie – zum Schutz vor Verschmutzung – ist aus umweltfreundlichem und recyclingfähigem PE-Material.

Redaktion
Christina Langner

Titelfoto
Thomas Diercks, Hamburg
Innenfotos
Kai Boxhammer, Hamburg (S. 28)
Walter Cimbal, Hamburg (S. 20, 76, 94, 102, 116, 120)
Thomas Diercks, Hamburg (S. 16, 40)
Christiane Krüger, Hamburg (S. 82, 88, 104)
Janne Peters, Hamburg (S. 114)
Antje Plewinski, Berlin (S. 36, 122)
Anke Politt, Hamburg (S. 4–10, 14, 18, 22–26, 30–34, 38, 46, 50, 60–72, 78, 84, 86, 90, 92, 96–100, 110, 112, 118)
Winkler Studios, Bremen (S. 12, 42, 44, 48, 52–58, 74, 80, 106, 108)

Rezeptentwicklung und Foodstyling
Christine Bergmayer, Hamburg

Nährwertberechnungen
Nutri Service, Hennef

Grafisches Konzept
fuchs-design, Sabine Fuchs, München

Titelgestaltung
kontur:design, Bielefeld

Satz
Final Art, Manfred Karg, München

Reproduktionen
Otterbach Medien KG GmbH & Co., Rastatt

Druck und Bindung
Druckerei Stürtz, Würzburg

Wir danken für die freundliche Unterstützung
Ludwig Schokolade, Bergisch-Gladbach

ISBN: 978-3-7670-0683-6